Bürgerkonferenz: Streitfall Gendiagnostik

Silke Schicktanz · Jörg Naumann (Hrsg.)

Bürgerkonferenz: Streitfall Gendiagnostik

Ein Modellprojekt der Bürgerbeteiligung am bioethischen Diskurs

Herausgegeben im Auftrag des Deutschen Hygiene-Museums, Dresden

Springer Fachmedien Wiesbaden GmbH 2003

Gedruckt auf säurefreiem und alterungsbeständigem Papier.

Die Deutsche Bibliothek – CIP-Einheitsaufnahme

ISBN 978-3-8100-3629-2   ISBN 978-3-663-09456-2 (eBook)
DOI 10.1007/978-3-663-09456-2

© 2003 Springer Fachmedien Wiesbaden
Ursprünglich erschienen bei Leske + Budrich, Opladen 2003

Das Werk einschließlich aller seiner Teile ist urheberrechtlich geschützt. Jede Verwertung außerhalb der engen Grenzen des Urheberrechtsgesetzes ist ohne Zustimmung des Verlages unzulässig und strafbar. Das gilt insbesondere für Vervielfältigungen, Übersetzungen, Mikroverfilmungen und die Einspeicherung und Verarbeitung in elektronischen Systemen.

Inhalt

Klaus Vogel
Vorwort 9

Ortwin Renn
Geleitwort 11

I. Geschichte und Rolle der Bürgerbeteiligung bei der Bewertung von Technologien

Simon Joss
1. Zwischen Politikberatung und Öffentlichkeitsdiskurs – Erfahrungen mit Bürgerkonferenzen in Europa 15
1.1 Historische Perspektive: Amerikanische Anfänge 16
1.2 ... europäische Weiterentwicklung 17
1.3 Bürgerkonferenzen in der Anwendung 21
1.4 Ausblick 31

Leonhard Hennen
2. Experten und Laien – Bürgerbeteiligung und Technikfolgenabschätzung in Deutschland 37
2.1 Politische Reaktionen auf die Krise der Experten 38
2.2 Bürgerbeteiligung in Deutschland 42
2.3 Probleme und Perspektiven der Laien-Partizipation 44

II. Entstehung, Ablauf und Erfahrungen der ersten bundesweiten Bürgerkonferenz am Deutschen Hygiene-Museum Dresden

Pia Ritter-Hellbusch, Jörg Naumann und Christian Holtorf

1. Der Gläserne Mensch – das Deutsches Hygiene-Museum in Tradition und Zukunftsverantwortung 51
1.1 Gesundheitsaufklärung – die Geschichte des Deutschen Hygiene-Museums 52
1.2 Kritischer Dialog zwischen Wissenschaft und Gesellschaft 53

Silke Schicktanz und Jörg Naumann

2. Ablauf und Methode – die erste bundesweite Bürgerkonferenz ... 57
2.1 Kurze Beschreibung des Ablaufs 57
2.2 Erfahrungen der Organisatoren bei der Durchführung 63
2.3 Fazit: Die Notwendigkeit einer reflektierten Rolle der Organisatoren 67

René Zimmer

3. Phasen des Meinungsbildungsprozesses – Ergebnisse der begleitenden Evaluation 69
3.1 Abbau von Informationsdefiziten in der Bürgergruppe 69
3.2 Initiierung eines öffentlichen Meinungsbildungsprozesses 71
3.3 Dialog zwischen Bürgergruppe und Experten 74
3.4 Die Einschätzung des Bürgervotums 76

4. Zwischen Hoffnung und Frust – Erfahrungen der teilnehmenden Bürger und Bürgerinnen 77

Ulrike Jäger-Roschko

4.1 Eine besondere Erfahrung 77

Marion Klemm

4.2 Die Herausforderung gesellschaftlicher Verantwortung 79

Inhalt 7

III. Ergebnis im Streitfall Gendiagnostik

1. Das Bürgervotum 83
1.1 Stellungnahme zu Gentests für die Gesundheitsvorsorge 84
1.2 Stellungnahme zur Präimplantationsdiagnostik 86
1.3 Stellungnahme zur Pränatalen Diagnostik 89
1.4 Zusammenfassung 91

IV. Kommentare und Reaktionen – wie sehen Experten das Ergebnis der Bürgerkonferenz?

Sigrid Graumann
1. Die Bürgerkonferenz als Möglichkeit der Selbstbestimmung im gesellschaftlichen Kontext 95

Matthias Kettner
2. Diskursethische Aspekte des Bürgervotums 99
2.1 Epistemische Autorität 99
2.2 Moralische Autorität 100
2.3 Partizipation und Deliberation 102
2.4 Diskursive Macht und Diskursethik 104
2.5 Moraldiskurs und Bürgervotum 105

Claus Leggewie
3. Modernes Regieren mit Kommissionen und Bürgerkonferenzen . 109
3.1 Überforderte Parlamente? 110
3.2 Modernes Regieren? 110
3.3 Ethikräte und Kommissionen im Vergleich 113
3.4 Bürgerkonferenzen und direkte Partizipation 115
3.5 Zukunft der Partizipation: Virtuelle Bürgerkonferenzen? 117
3.6 Fazit 118

V. Anhang

Was ist Gendiagnostik? Überblick und Glossar 123
Gendiagnostik: Eine Literaturauswahl 131
Technikfolgenabschätzung und Partizipation: Eine Literaturauswahl ... 135
Liste der teilnehmenden Bürgerinnen und Bürger 137
Liste der eingeladenen Sachverständigen 138
Angaben zum Projekt 139
Verzeichnis der Autorinnen und Autoren 141
Danksagung 143

Klaus Vogel

Vorwort

Als einen „Glücksfall für die Gendebatte" bezeichnete die *Ärzte Zeitung* im November 2001 die am Deutschen Hygiene-Museum durchgeführte erste bundesweite Bürgerkonferenz *Streitfall Gendiagnostik*. Andere Pressestimmen waren im Hinblick auf dieses „Fachgutachten der Laien" skeptischer: Welchen Nutzen hat dieses aufwendige Projekt für die Diskussion gesellschaftlich relevanter Fragestellungen und was können Bürger in dieser von Experten und Politikern besetzten Diskussion noch an neuen Argumenten liefern? Warum führt ein Museum ein derartiges Projekt der Bürgerbeteiligung durch?

Das Deutsche Hygiene-Museum in Dresden reflektiert in seinen Ausstellungen die Auswirkungen der modernen Wissenschaften wie Biotechnik, Reproduktionsmedizin oder Hirnforschung auf unseren Alltag und unser Menschenbild. Die positive Besucherresonanz kann als Indiz für das große öffentliche Interesse an fundierten Informationen über die Themen und gesellschaftlichen Folgen der modernen Lebenswissenschaften gewertet werden. Vor diesem Hintergrund betrachten wir das Deutsche Hygiene-Museum als ein Forum für den notwendigen Dialog zwischen Wissenschaft und Gesellschaft.

Vorhaben wie die hier dokumentierte Bürgerkonferenz zur Gendiagnostik ergänzen auf sinnvolle Weise die Ausstellungsarbeit des Museums. Hier können Themen vertieft werden, die weit in unser Alltagsleben eingreifen und bisher feststehende Werte in Frage stellen. Dabei versteht sich das Deutsche Hygiene-Museum als ein ‚neutraler Ort', an dem die unterschiedlichsten Positionen unvoreingenommen diskutiert werden können.

Das bürgerschaftliche Engagement der zehn Frauen und neun Männer, die sich während der Bürgerkonferenz mit dem Für und Wider der Gendiagnostik auseinander setzten, ist beachtlich. Sie erarbeiteten sich in ihrer Freizeit die komplexe Materie, formulierten ihre Stellungnahme in einem differenzierten Papier und diskutierten ihre Fragen und Positionen zuletzt in einer öffentlichen Anhörung mit Wissenschaftlern und Politikern. Das Verfahren der Bürgerkonferenz hat gezeigt, dass es keine wissenschaftlichen Themen gibt, die nicht mit ‚Laien' umfassend diskutiert werden könnten.

Das Votum der Bürger verdient die Aufmerksamkeit von Wissenschaft, Politik und Gesellschaft, denn die Alltagsperspektive informierter Laien wird bei der Meinungsbildung und den nachfolgenden Entscheidungsfindungsprozessen nur zu häufig vernachlässigt. Auch die Enquete-Kommission *Recht und Ethik der modernen Medizin* hat dieses Defizit erkannt und empfiehlt dem Deutschen Bundestag in einer im Jahr 2002 publizierten Stellungnahme, „öffentliche Diskussionsverfahren, die auf der aktiven Teilnahme von Bürgerinnen und Bürgern basieren", zu unterstützen. Mit der Bürgerkonferenz ist ein erster Schritt in diese Richtung vollzogen.

Die abschließende Evaluierung der Bürgerkonferenz hat gezeigt, dass die wesentlichen Ziele des Verfahrens erreicht wurden. Für die erfolgreiche Durchführung dieses Projekts waren nicht zuletzt die Förderung durch das Bundesministerium für Bildung und Forschung und durch den Stifterverband für die Deutsche Wissenschaft von entscheidender Bedeutung. Beiden Einrichtungen möchte ich für die Unterstützung danken.

In der vorliegenden Veröffentlichung werden das Vorhaben, die Durchführung und die Wirkungen der Bürgerkonferenz *Streitfall Gendiagnostik* vorgestellt. Darüber hinaus kommentieren namhafte Experten die Bedeutung derartiger Projekte im Hinblick auf ihre gesellschaftliche Relevanz. Ich wünsche dieser Publikation eine weite Verbreitung, damit sich Verfahren der Bürgerbeteiligung zukünftig erfolgreich etablieren.

Ortwin Renn

Geleitwort

Politikverdrossenheit, Irrationalität, Verständnislosigkeit, Anspruchsmentalität – diese Schlagworte kennzeichnen die aktuelle Debatte um die Rolle der Bürgerin und des Bürgers in unserer heutigen Gesellschaft. Die Politiker fühlen sich als Prügelknaben der Öffentlichkeit, die Bürger als verschaukelte Marionetten im Kampf um Pfründe, Geld und Macht. Hinter dieser Rhetorik und den gegenseitigen Schuldzuweisungen steht die Tatsache einer wachsenden Entfremdung zwischen Vertretern und Vertretenen, zwischen Politik und Bürgerschaft, zwischen Entscheidungsträgern und Entscheidungsbetroffenen. Taktisches Geschick und strategisches Argumentieren gewinnen mehr und mehr Oberhand über die notwendigen sach- und wertbezogenen Auseinandersetzungen in unserer Gesellschaft.

Dass es auch anders geht, zeigt das Beispiel der Bürgerkonferenz zum Thema Gendiagnostik. Von Oktober 2000 bis Dezember 2001 haben knapp 20 Bürgerinnen und Bürger aus ganz Deutschland stellvertretend für alle Bürger mehrere Wochenenden und viel Freizeit zur Einarbeitung und Vorbereitung geopfert, um eine kompetente und den eigenen Werten angemessene Empfehlung zum Thema Gentechnik zu erarbeiten. Kernstück des Beteiligungsverfahrens nach dem Modell der Konsensuskonferenz ist dabei die bewusste Einbeziehung von Laien (in einem geschichteten Verfahren aus Zufallsauswahl und Repräsentationsprinzip) mit dem Zweck, bei der Frage nach der politischen Beurteilung der neuen gentechnischen Verfahren ein durch Information und Kommunikation mit Fachleuten abgerundetes Urteil der Menschen, die mit den Konsequenzen politischer Entscheidungen leben müssen, zu generieren. Die Aufgabe der Laien bestand darin, die Themen ‚Gentests', ‚Präimplantationsdiagnostik' und ‚Pränatale Diagnostik' eingehend zu erörtern, die Argumente pro und contra abzuwägen und zu einer sachkundigen und wertgerechten Gesamtempfehlung zu kommen. Zu diesem Zweck erhielten die Teilnehmer alle notwendigen Informationen, sie konnten sich in Anhörungen über Risiken und Probleme der Gentechnik informieren und mit ausgewiesenen Fachleuten auf diesem Gebiet diskutieren.

Was viele Skeptiker für unmöglich gehalten haben, ist dabei zutage getreten: Alle Teilnehmer der Bürgerkonferenz haben sich auf eine Empfehlung geeinigt, wenngleich auch an einigen Stellen unterschiedliche Voten aufgenommen und nebeneinander stehen gelassen wurden. Die Empfehlungen der Bürgerinnen und Bürger sind dabei von der Sorge getragen, dass mit der Freigabe von gentechnischen Verfahren im pränatalen wie im präimplantativen Bereich Missbrauchsmöglichkeiten entstehen, die auch durch die anerkannten positiven Aspekte nicht wettgemacht werden können. In diesem Punkt liegen die Voten der Laiengutachter durchaus im Einklang mit den Empfehlungen der Enquete-Kommission des Bundestages.

Sozialwissenschaftlich interessant ist die starke geschlechtsspezifische Differenzierung der Urteile. Die Frauen in der Bürgerkonferenz haben sich bei den meisten Entscheidungsfragen wesentlich restriktiver geäußert als die Männer. Dies ist um so erstaunlicher, als Meinungsumfragen im Bereich der Pränatalen Diagnostik bei Frauen eher positive Beurteilungen im Vergleich zu den Beurteilungen der Männer an den Tag brachten. Vieles deutet darauf hin, dass Frauen sensibler auf Aspekte des Missbrauchs reagieren, die bei Umfragen vielen Befragten nicht gegenwärtig sind.

Die Teilnehmer der Bürgerkonferenz waren sich alle darin einig, dass die neuen Möglichkeiten der Gentechnik den Freiheitsspielraum der Menschen nicht einengen sondern eher erweitern sollten, dass für alle Eingriffe ins Genom der *informed consent*, d.h. die Zustimmung der betroffenen Personen, Voraussetzung sei, dass Versicherungsschutz auch ohne gentechnische Tests gewährleistet sein müsste und dass Eltern nicht die alleinigen Rechte auf die Lebensumstände ihrer Kinder haben können. Umstritten blieben bei ihnen dagegen die neuen Möglichkeiten der pränatalen und präimplantativen Diagnostik. Zweifelsohne ist ein Eingriff zur Vermeidung einer Erbkrankheit auch für denjenigen, an dem ungefragt der Eingriff vorgenommen wird, eine eindeutige Verbesserung der eigenen Lebensqualität. Somit kann man auch die nachträgliche Zustimmung voraussetzen. Anders sieht es aber aus, wenn mit dem Eingriff angebliche Schönheitsfehler beseitigt oder sogar charakterliche Züge verändert werden sollen. Stichwort *human enhancement* oder *Designer Baby*! Hier haben die Teilnehmer mit erstaunlicher Klarheit ein negatives Urteil gefällt. An diesem Punkt, so die Teilnehmer, gehe es um unser Menschenbild. Niemand habe das Recht, seine Nachkommen nach den eigenen Maßstäben zu „designen". Auch mit kleinen „banalen" Veränderungen wird der erste kaum fühlbare Schritt in ein neues menschliches Selbstverständnis unternommen. Ein kleiner Schritt, der in seiner Konsequenz nichts anderes bedeutet, als dass der Erzeuger zum Schöpfer werden will.

Die Ergebnisse der Bürgerkonferenz haben mich in dem auch an der Akademie für Technikfolgenabschätzung gelebten Grundsatz bestärkt, dass politische Entscheidungen von denen mit gestaltet werden sollten, die später die Konsequenzen dieser Entscheidungen zu tragen haben. Die Investition in die Urteilskraft und Kompetenz der Bürgerinnen und Bürger hat sich als sichere und zukunftsfähige Kapitalanlage auf dem Markt der politischen Willensbildung erwiesen. Es bleibt zu hoffen, dass die Politik auch weise und anerkennend mit dieser Kapitalanlage umzugehen vermag.

I. Geschichte und Rolle der Bürgerbeteiligung bei der Bewertung von Technologien

Simon Joss

1. Zwischen Politikberatung und Öffentlichkeitsdiskurs – Erfahrungen mit Bürgerkonferenzen in Europa

Seit Anfang der 1990er Jahre sind in einer zunehmenden Anzahl von Ländern und Institutionen verschiedene Bürgerkonferenzen zu wissenschaftlichen und technologischen Themen abgehalten worden. Dies trifft insbesondere auch auf den Bereich der Bio- und Gentechnologie zu, wo zahlreiche Konsensuskonferenzen, *Citizens Juries* und *Citizens Panels* Fragen zur Freisetzung von gentechnisch veränderten Organismen (GVOs), transgenen Tieren, Humangenomforschung usw. nachgegangen sind. Die Dresdner Bürgerkonferenz *Streitfall Gendiagnostik* stellt daher zumindest aus europäischer Sicht kein eigentliches Novum dar. Vielmehr wird der in den letzten zehn bis zwanzig Jahren allgemein beobachtbare Trend in der Wissenschafts- und Technologiepolitik zur vermehrten Auseinandersetzung mit der Öffentlichkeit bestätigt (*Science and Public Policy* 1999; *Bulletin of Science, Technology & Society* 2002). Diese Tendenz zeichnet sich sowohl durch die verstärkte Integration sozio-politischer Gesichtspunkte und Fragestellungen in die Prozesse der *Policy*-Analyse und Technikfolgenabschätzung[1], als auch durch die gleichzeitige Öffnung dieser Prozesse zum gesellschaftsweiten Diskurs aus. Demnach sollen Bürgerkonferenzen einerseits *policy*- und politikberatend Information über die gesellschaftliche Wahrnehmung und Einschätzung wissenschaftlicher und technologischer Entwicklungen liefern und andererseits den Öffentlichkeitsdiskurs darüber anregen, bzw. unterstützen. Inwieweit solche Bürgerbeteiligungsverfahren in der Anwendung diesbezüglich eher symbolischen Charakter haben, oder aber tatsächlich einen nach-

---

1 Als *Policy*-Analyse wird der politikwissenschaftliche Forschungszweig verstanden, der sich mit Strukturen und Prozessen der politischen Steuerung und des gesellschaftlichen Wandels befasst (siehe z.B. Héritier 1993, und speziell die Beiträge von deLeon und Fischer). Im alltäglichen Sprachgebrauch wird im Englischen der Ausdruck *policy* jeweils in Bezug auf spezifische Politikbereiche gebraucht (z.B. *environmental policy* – Umweltpolitik; *health policy* – Gesundheitspolitik). Als Instrument der *Policy*-Analyse beschäftigt sich die Technikfolgenabschätzung (TA) mit der systematischen Analyse wissenschaftlich-technologischer Entwicklungen und Programme zum Zweck der Politikberatung.

weisbaren Einfluss auf die Politik und den Öffentlichkeitsdiskurs ausüben, ist umstritten. In diesem Beitrag soll die Bedeutung von Bürgerbeteiligungsverfahren in der Technikfolgenabschätzung näher erörtert werden, indem die historische Entwicklung dieser Verfahren aufgezeigt und die europäischen Erfahrungen diskutiert werden.

1.1 Historische Perspektive: Amerikanische Anfänge ...

Die Entwicklung partizipativer Methoden der Technikfolgenabschätzung (TA) in den 1980er und 1990er Jahren war stark europäisch geprägt. Zwar wurde das Thema Partizipation schon in den frühen 1970er Jahren im Zusammenhang mit der ersten Institutionalisierung, in der Form des *Office of Technology Assessment* (OTA) beim Amerikanischen Kongress, mehrmals in die Diskussion eingebracht, doch entwickelte sich die TA zunächst hauptsächlich als ein Instrument der Expertenanalyse ohne Miteinbeziehung von Bürgern und anderen zivilgesellschaftlichen Akteuren (Shapley 1972; Dickson 1988; Bimber und Guston 1995; Herdman und Jenson 1997; Joss 2000a). Der Amerikanische Kongress institutionalisierte das OTA als ein Gegengewicht zu der Vielzahl von Experten im Weißen Haus (der Exekutive), um so die von der Regierung propagierten technologischen Programme (wie beispielsweise das *Anti-Ballistic-Missile* Programm und das *Super Sonic Transport* Programm) durch eigene kompetente Expertenanalysen kritisch begutachten zu können.

Konzeptionell war die TA in dieser frühen Phase stark wissenschaftlich-analytisch geprägt, wobei oft von der (positivistischen) Annahme ausgegangen wurde, durch die ‚korrekte' Anwendung wissenschaftlicher Analysen objektive, wertfreie Fakten zur Gestaltung der Technologiepolitik zu erhalten. Diese konzeptionelle Ausprägung erhielt in den USA vor allem auch vom wissenschaftlichen Establishment (wie beispielsweise der *National Academy of Sciences* und der *National Academy of Engineering*) Unterstützung. Die *scientific community* erhoffte sich vom OTA unter anderem eine verstärkte Position der Wissenschaft im nationalen Politikgeschehen. Wissenschaftliche Organisationen waren denn auch maßgeblich an der Institutionalisierung und Konzeptionalisierung der TA beteiligt.

Dagegen blieben Versuche seitens verschiedener zivilgesellschaftlicher Akteure, die TA sowohl konzeptionell als auch methodisch weitfassender zu definieren, insgesamt ziemlich erfolglos (Bereano 1997). So schlug zwar zum Beispiel der aus verschiedenen Nicht-Regierungs-Organisationen (NRO) zusammengesetzte Nationale Rat für Öffentliche TA (*National Council for the Public Assessment of Technology*) dem OTA vor, die Technikfolgenabschätzung partizipativer zu gestalten, indem unter anderem Bürger und Interessengruppierungen aktiv in den *Assessment*-Prozess involviert, verschiedene Per-

Zwischen Politikberatung und Öffentlichkeitsdiskurs

spektiven einander gegenüber gestellt und die den verschiedenen Analysemethoden zugrunde liegenden Annahmen und Voraussetzungen diskutiert würden. Jedoch wurden diese (und andere) Vorschläge vom OTA kaum umgesetzt. Das Thema Partizipation, obschon theoretisch diskutiert (beispielsweise an internationalen Tagungen), beschränkte sich im OTA-Alltag auf die Disseminationsphase in der TA, d.h. auf die Vermittlung von Analyseergebnissen an die weitere Öffentlichkeit.

Im Gegensatz zu anderen *Policy*-Bereichen, wie etwa in der (städtischen) Planung und im Umweltschutz, wo sich in den USA in den 1960er und 1970er Jahren eine reichhaltige, experimentelle Partizipationskultur zu manifestieren begann, entwickelte sich die TA daher zunächst als ein wissenschaftliches Analyseinstrument innerhalb des Expertentums.

1.2 ... europäische Weiterentwicklung

Dies änderte sich mit der Institutionalisierung der Technikfolgenabschätzung in Europa in den 1980er und 1990er Jahren langsam und punktuell. Neue Möglichkeiten zur konzeptionellen und methodischen Innovation ergaben sich, weil die ‚europäische' TA in neuen, vom US-Kongress unterschiedlichen institutionellen und sozio-politischen Kontexten angesiedelt wurde. Einhergehend mit dieser institutionellen Ausweitung wurde die Technikfolgenabschätzung auch auf theoretischer und konzeptioneller Ebene erweitert, indem sich zunehmend verschiedene Zweige der Politik- und Sozialwissenschaften (wie die *Science and Technology Studies* und die ‚partizipatorische *Policy*-Analyse') ausführlicher dem Thema annahmen.

Großbritannien, Deutschland

Jedoch entwickelte sich die europäische Technikfolgenabschätzung nicht einheitlich, was gerade auf die unterschiedlichen institutionellen und soziopolitischen Kontexte zurückzuführen ist (für eine Übersicht europäischer TA-Institutionen siehe Vig und Paschen 2000). So wurde etwa 1989 das britische *Parliamentary Office of Science and Technology* (POST) als eine innerparlamentarische Stelle hauptsächlich zur Vermittlung von wissenschaftlicher Information an die Parlamentarier ins Leben gerufen (Norton 2000). Ähnlich ist die Hauptfunktion des in Berlin ansässigen und formal im *Institut für Technikfolgenabschätzung und Systemanalyse* (ITAS, Karlsruhe) verankerten Büros für TA beim Deutschen Bundestag (TAB) die Erarbeitung und Vermittlung wissenschaftlicher Analysen zu Händen der Bundestagsabgeordneten, wobei hier im Vergleich zum POST noch mehr Gewicht auf die Erarbeitung eigenständiger, fundierter, wissenschaftlicher Analysen gelegt wird (Paschen

2000; siehe auch L. Hennen). In beiden Fällen sind bis heute keine partizipativen TA-Verfahren angewandt worden. Im Gegensatz dazu ist die Technikfolgenabschätzung in Dänemark, den Niederlanden und seit Mitte der 1990er Jahre auch in der Schweiz näher an der Schnittstelle zwischen der institutionellen (d.h. parlamentarischen/Regierungs-) Politik und der Öffentlichkeit angesiedelt. In diesen Fällen hat die TA nicht nur die Aufgabe, Politikberatung zu leisten, sondern gleichzeitig auch die gesellschaftlichen Diskurse zu soziotechnologischen Fragestellungen anzuregen, bzw. aktiv zu unterstützen.

Niederlande

In den Niederlanden beispielsweise äußert sich diese doppelte Funktion der institutionalisierten TA in der ‚Plattform Wissenschaft und Ethik' (*Platform Wetenschap en Ethiek*), die Anfang der 1990er Jahre als Forum zur öffentlichen Beratung über gesellschaftlich relevante technologische Themen errichtet wurde (van Eijndhoven 2000). Die Plattform hat seither mehrere öffentliche Diskursverfahren zu diversen biotechnologischen und umweltpolitischen Themen abgehalten, einschließlich konsensuskonferenz-ähnlicher *Publiek Debats* (öffentliche Debatten). Das Rathenau Institut, die nationale niederländische TA-Institution, ist zusammen mit der Kunst- und Wissenschaftsakademie und dem nationalen Gesundheitsrat finanziell wie auch organisatorisch Mitträgerin der ‚Plattform Wissenschaft und Ethik'. Das resultierte aus einer Schwerpunktverschiebung der vom Rathenau Institut im Verlauf der 1990er Jahren verfolgten TA von einer hauptsächlich wissenschaftlichen Forschungstätigkeit zu einer diskursiven, öffentlichen Analysetätigkeit unter Miteinbeziehung verschiedener gesellschaftlicher Akteure. Anlass war die Erwartung des niederländischen Parlaments an die TA, verstärkt eine öffentliche Debatte zu politischen, sozialen und ethischen Aspekten technologischer Entwicklungen zu initiieren.

Auch innerhalb der (Sozial-)Wissenschaften wurden die öffentliche und die partizipative Dimension der TA konzeptionell und methodisch weiterentwickelt. Die in den 1970er Jahren gemachten Erfahrungen mit dem *Science and Society Movement* (das sich auf praktischer Ebene u.a. in den so genannten *Science Shops* äußerte) und den während der Energiedebatte in den frühen 1980er Jahren durchgeführten öffentlichen Diskursveranstaltungen beeinflussten diese Entwicklung maßgeblich. Auch die in den 1980er Jahren an mehreren niederländischen Universitäten entwickelte, so genannte ‚konstruktive TA', mit der verschiedene Verbraucher (*Users*, wie Patientinnen und Konsumenten) technologischer Anwendungen möglichst früh in den technologischen Gestaltungsprozess aktiv miteinbezogen werden sollten, übte einen Einfluss auf die Konzeptionalisierung der vom Rathenau Institut seit den 1990er Jahren verfolgten Technikfolgenabschätzung aus (zur ‚konstruktiven TA' siehe Hamstra 1995; Schot und Rip 1996; Schot 2001).

Dänemark

Ähnlich wie in den Niederlanden erhielt auch die ‚offizielle', d.h. staatlich institutionalisierte TA in Dänemark in den 1980er Jahren von politischer, wissenschaftlicher sowie zivilgesellschaftlicher Seite her Impulse, sich thematisch wie auch methodologisch auf die Öffentlichkeit auszurichten (Kluver 2000). Dies hat sich praktisch in der Entwicklung und Anwendung verschiedener partizipativer Methoden, wie der Konsensuskonferenz, dem Szenarioworkshop und der Abstimmungskonferenz geäußert, wofür der vom dänischen Parlament 1985 gegründete Technologierat (*Teknologierådet*) über die Landesgrenzen hinaus bekannt wurde. Insbesondere die Konsensuskonferenzen und Szenarioworkshops erhielten in der TA-Entwicklung in den 1990er Jahren geradezu Modell-Charakter und wurden oftmals mit ‚partizipativer' TA gleichgestellt.

Charakteristisch für die dänische TA ist die Einbeziehung verschiedener gesellschaftlicher Akteure – wie Nicht-Regierungs-Organisationen, Bürgergruppierungen, Firmen und Gewerkschaften – in den Prozess (Cronberg 1991 u. 1992). Vor 1985 geschah dies auf relativ loser, experimenteller Basis, oft unter Federführung von Sozialwissenschaftlern an Universitäten. Mit der parlamentarischen Institutionalisierung der TA 1985 etablierte sich die partizipative Technikfolgenabschätzung auch in der politischen Sphäre, und der Technologierat setzte sich schon bald sowohl im konzeptionell-methodologischen Bereich, wie auch in der praktischen Anwendung als Hauptakteur durch.

Die Entwicklung der TA wurde von Anfang an von staatlicher Seite gefördert, wobei diese aber im Vergleich etwa zur amerikanischen (OTA) oder britischen (POST) TA absichtlich weniger stark an vorgegebene, politische Mechanismen (parlamentarische *Hearings* etc.) gebunden wurde. So erhielt der Technologierat relativ freie Hand in der Gestaltung seiner Programme und Projekte, was sich auf methodischer Ebene innovationsfördernd auswirkte. Ein Kennzeichen der dänischen (wie übrigens auch der niederländischen) TA ist die Beteiligung verschiedener zivilgesellschaftlicher Akteure nicht nur innerhalb einzelner, spezifischer Projekte (z.B. als Bürger oder als Vertreter von Interessensorganisationen in einer Konsensuskonferenz), sondern auch in der übergeordneten Programmgestaltung. So kann der aus 50 Delegierten verschiedener staatlicher und nicht-staatlicher Organisationen bestehende Repräsentantenrat dem Sekretariat des Technologierats Vorschläge und Empfehlungen zur Behandlung von Themen unterbreiten. Zudem unterstützt der Technologierat eigenständige, von dritter Seite initiierte Projekte, wenn zum Beispiel eine Bürgergruppe auf lokaler Ebene nach einem vom Technologierat durchgeführten partizipativem Verfahren eine weiterführende Debatte veranstalten will.

Schweiz

Nach dem amerikanischen Vorbild wurde die TA in der Schweiz in der ersten Hälfte der 1990er Jahre zunächst als eine Expertenaktivität institutionalisiert. Angesiedelt beim Schweizerischen Wissenschafts- und Technologierat, dessen Aufgabe die Beratung der Regierung (des Bundesrates) im Bereich Wissenschaft und Technologie ist, wurden TA-Verfahren vorerst intra-institutionell angewandt. Erst gegen Ende der 1990er Jahre und aufgrund der ausländischen (v.a. dänischen, niederländischen und britischen) Erfahrungen, fand mit der Durchführung des ersten, auf dem dänischen Konsensuskonferenz-Modell basierenden, so genannten ‚PubliForums' zum Thema ‚Strom und Gesellschaft' eine Ausweitung zur öffentlichen Sphäre statt (Schweizerischer Wissenschafts- und Technologierat 2002). Seither sind weitere *PubliForen* (zu gentechnisch veränderten Lebensmitteln und zur Transplantationsmedizin), sowie das auf der Methode der Fokusgruppe (eine sozialempirische Methode zur Meinungserfassung bzw. -bildung in Diskussionsform) basierende *PubliFocus* Verfahren (zur embryonalen Stammzellenforschung) durchgeführt worden. Interessanterweise hat die Einführung partizipativer Methoden beim Zentrum für TA des Schweizerischen Wissenschafts- und Technologierats darüber hinaus weitere institutionelle Innovationen bewirkt. So wurde etwa 1998 ein Bürgerbeteiligungsverfahren zur Gendiagnostik (*Dialog zur Gendiagnostik*) durch eine aus 18 staatlichen und nicht-staatlichen Organisationen bestehende *ad hoc* Trägerschaft unter der Führung eines namhaften, in der Wissenschaftspolitik aktiven Parlamentariers durchgeführt (Trägerschaft des *Dialog zur Gendiagnostik* 1999). In umfangreicherem Rahmen wurde 1998 aufgrund einer Initiative des Staatssekretärs für Wissenschaft und Forschung die unabhängige Stiftung *Science et Cité* (‚Wissenschaft und Gesellschaft') mit dem Ziel gegründet, den Dialog zwischen der Wissenschaft und der Öffentlichkeit zu fördern und gesellschaftsweite TA zu ermöglichen (Science et Cité 2002). Zu diesem Zweck wurden beispielsweise während der politischen Auseinandersetzung zur embryonalen Stammzellenforschung mehrere öffentliche Veranstaltungen (u.a. auch im Landesmuseum in Zürich) durchgeführt.

Signifikanterweise haben sich neben den ‚offiziellen' TA-Stellen zunehmend auch andere auf dem Gebiet ‚Wissenschaft und Gesellschaft' tätige Organisationen für partizipative TA-Methoden interessiert (Joss 2002). Dazu zählen Museen (wie z.B. das *Science Museum* in London, und das *Deutsche Hygiene-Museum* in Dresden), Verbraucherschutzorganisationen (wie z.B. die *Australian Consumer Organisation*) und andere Nicht-Regierungs-Organisationen (wie z.B. das Netzwerk *People's Solidarity for Participatory Democracy* in Süd-Korea; und *ActionAid* in Indien und Brasilien). Die Durchführung von Bürgerkonferenzen durch diese und ähnliche Organisationen hat die partizipative TA einer breiteren Öffentlichkeit zugänglich gemacht und zu derer konzeptionellen und methodischen Weiterentwicklung beigetragen.

1.3 Bürgerkonferenzen in der Anwendung

Seit Mitte der 1980er Jahre sind in erster Linie in Europa, und zunehmend auch weltweit mehrere Dutzend Bürgerkonferenzen zu verschiedenen soziotechnologischen Themen abgehalten worden. Beispiele davon sind in Tabelle 1 aufgeführt.

Tabelle 1 Bürgerkonferenzen 1987-2002 in Europa und weltweit.

Land	Jahr	Thematik	Organisatoren
Argentinien	2001	Gentechnische Lebensmittel	Keine Information
	2001	Humangenomforschung	Keine Information
Australien	1999	Gentechnologie in der Nahrungskette	Australian Museum
Brasilien	2001	Gentechnische Pflanzen[t]	ActionAid
Dänemark	1987	Gentechnologie in Landwirtschaft u. Industrie	*Dänischer Technologierat
	1989	Lebensmittelbestrahlung	*Dänischer Technologierat
	1989	Humangenom-Kartierung	*Dänischer Technologierat
	1990	Luftverschmutzung	*Dänischer Technologierat
	1991	Ausbildungs-Technologien	*Dänischer Technologierat
	1992	Transgene Tiere	*Dänischer Technologierat
	1993	Zukunft des Privatverkehrs	*Dänischer Technologierat
	1993	Unfruchtbarkeit	*Dänischer Technologierat
	1994	Elektronische Identitätskarten	*Dänischer Technologierat
	1994	Verkehrsinformationssysteme	*Dänischer Technologierat
	1994	Integrierte Landwirtschaftsproduktion	*Dänischer Technologierat
	1994	Chemikalien in Lebensmittel und Umwelt	*Dänischer Technologierat
	1995	Gentherapie	*Dänischer Technologierat
	1996	Zukunft der dänischen Fischerei	*Dänischer Technologierat
	1996	Zukunft von Konsum und Umwelt	*Dänischer Technologierat
	1997	Teleworking	*Dänischer Technologierat
	1999	Gentechnische Lebensmittel	*Dänischer Technologierat
	2000	Technologie und Lärm	*Dänischer Technologierat
	2002	Gendiagnostik	*Dänischer Technologierat
	2002	Monetäre Bewertung von Umweltnutzen und -schäden	*Dänischer Technologierat
Deutschland	1995	Biotechnologie/Gentechnik[t]	*Akademie f. TA in Baden-Württemberg
	1996	Klimaverträgliche Energieversorgung[t]	*Akademie f. TA in Baden-Württemberg
	1996	Abfallplanung (Region Nordschwarzwald)[t]	*Akademie f. TA in Baden-Württemberg
	1998	Umweltdiskurs Ulm	*Akademie f. TA in Baden-Württemberg
	1999	Sozialdiskurs Ulm	*Akademie f. TA in Baden-Württemberg
	2001	Möglichkeiten u. Grenzen elektronischer Demokratie[t]	*Akademie f. TA in Baden-Württemberg
	2001	Streitfall Gendiagnostik	Deutsches Hygiene-Museum

Land	Jahr	Thematik	Organisatoren
Frankreich	1998	Gentechnik in Landwirtschaft u. Ernährung („Conférence de Citoyens")	*Office Parlamentaire d'- Evaluation des Choix Scientifiques et Technologiques
	2002	Klima- und Gesellschaftswandel („Conférence de Citoyens")	Commission Française du Devélopement Durable/ Cité des Sciences et de l'Industrie
Grossbritannien	1994	Pflanzenbiotechnologie	Science Museum, London
	1996	Lokale Abfallplanung (Hertfordshire County)[†]	University of Hertfordshire/- Hertfordshire County Council
	1997	Gendiagnostik[‡]	University of Glamorgan (Health Care Institute)/ IPPR
	1998	Zukunft der Landwirtschaft und Lebensmittelproduktion[†]	University of East London/ Genetics Forum
	1999	Radioaktive Abfallbeseitigung	UK Centre for Environmental & Economic Development
Indien	2000	Gentechnische Pflanzen[†]	ActionAid
Israel	2000	Zukunft des Verkehrs	Haim Zippori Community Education Center
	2001	Arbeitslosigkeit in Isreal – Probleme und Lösungen	Haim Zippori Community Education Center
Japan	1998	Gentherapie	National Institute of Science and Technology Policy
	1999	Informations-/Wissensgesellschaft	National Institute of Science and Technology Policy
	2000	Gentechnische Lebensmittel	National Institue of Science and Technology Policy
Kanada	1998	Laptop-Computer Gebrauch an Universitäten	McMaster University
	1999	Online-Studium an der McMaster Universität	McMaster University
	1999	Lebensmittelbiotechnologie (West-Kanada)	University of Calgary
	2000	Abfall-Management (Stadtgebiet Hamilton)	City of Hamilton/McMaster University
	2001	Tier-zu-Mensch Transplantationen	Candadian Public Health Assocotiation
Neuseeland	1996	Pflanzenbiotechnologie („Talking Technology Conference')	Talking Technology Charitable Trust
	1999	Lebensmittelbiotechnologie	Talking Technology Charitable Trust
	1999	Biotechnologische Schädlingskontrolle	Talking Technology Charitable Trust
Niederlande	1993	Transgene Tiere („Publiek Debat')	SWOKA/PWT/NOTA
	1995	Humangenom-Forschung („Publiek Debat')	*Rathenau Institut
	1999	Klonierung („Publiek Debat')	*Rathenau Institut
Norwegen	1996	Gentechnische Lebensmittel	The National Committees for Research Ethics
	2000	‚Smart-House Technology' in Pflegeheimen	Keine Information

Zwischen Politikberatung und Öffentlichkeitsdiskurs   23

Land	Jahr	Thematik	Organisatoren
Österreich	1997	Bodennahes Ozon	Wiener Umweltanwaltschaft
Schweiz	1998	Strom und Gesellschaft (‚PubliForum')	*Zentrum für Technikfolgen-Abschätzung
	1998	*Dialog Gendiagnostik*‡	18-köpfige *ad hoc* Trägerschaft/ Locher Brauchbar AG
	1999	*Lebensmittelbiotechnologie* (‚PubliForum')	*Zentrum für Technikfolgen-Abschätzung
	2000	*Transplantationsmedizin* (‚PubliForum')	*Zentrum für Technikfolgen-Abschätzung
Südkorea	1998	*Gentechnische Lebensmittel*	Korean National Commission for UNESCO
	1999	*Klonierung*	Korean National Commission for UNESCO
U.S.A.	1997	Telekommunikation und die Zukunft der Demokratie	The Loka Insitute (Amherst)
	2002	*Gentechnische Lebensmittel*	University of New Hampshire
Europäische Gemeinschaft	1992	Wissenschaft, Technologie und gesellschaftliche Kohäsion (Durchgeführt in Brüssel)	Universie Catholique de Louvain (Belgien).

Anm.: Bürgerkonferenzen zu gentechnologischen und reproduktionsmedizinischen Themen sind kursivgesetzt angegeben. Bei den mit * gekennzeichneten Organisationen handelt es sich um staatliche (nationale oder regionale) Technikfolgenabschätzungs-Stellen. Die mit † gekennzeichneten Bürgerkonferenzen basieren auf dem Modell der ‚Citizens Jury'/Planungszelle/Bürgerforum. Bei ‡ handelt es sich um eine Mischform. Alle anderen Konferenzen basieren auf dem dänischen Modell der Konsensuskonferenz. Das Bürgerpanel der von der Europäischen Kommission initiierten und von der Katholischen Universität Louvain 1992 explorativ durchgeführten Konsensuskonferenz bestand aus Vertretern verschiedener zivilgesellschaftlicher Organisationen (d.h. nicht aus ‚Normal-Bürgern'/ Laien).

Die Mehrzahl dieser Veranstaltungen basieren auf dem dänischen Konsensuskonferenz-Modell. Zu den wichtigsten Merkmalen einer Konsensuskonferenz zählen: das 12- bis 30-köpfige Bürgerpanel, dessen zentrale Aufgabe mittels von Expertenanhörungen und gruppeninternen Erörterungen die eigenständige Bewertung eines aktuellen Themas ist; der vom Bürgerpanel verfasste und am Ende der Konferenz veröffentlichte Bericht, der eine Bewertung sowie Empfehlungen für den politischen und gesellschaftlichen Umgang mit dem Thema enthält; und der öffentliche Zugang zur mehrtägigen Konsensuskonferenz, womit eine Verbindung zum Medien- und zum weiteren gesellschaftlichen Diskurs geschaffen werden soll (Grundahl 1995; Joss 2000b).

Den Konsensuskonferenzen kommt aus zwei Gründen eine signifikante Bedeutung in der Entwicklung der (partizipativen) TA zu. Erstens spiegelt die Evolution dieses Beteiligungsverfahrens den Wandel der TA in den letzten zwanzig Jahren wider: Ausgehend von dem in den 1970er Jahren in den

USA durch die *National Institutes of Health* (NIH) entwickelten medizinischen Konsensuskonferenz-Modell (*Consensus Development Conferences*), entstand das dänische Modell der Konsensuskonferenz durch die Vergrößerung des Teilnehmerkreises (ein Bürger- und ein breites Expertenpanel, anstelle von zwei Expertenpanels), die thematische Erweiterung (sozio-technologische Problemstellungen, anstelle von medizinisch-technischen Fragestellungen) sowie die institutionelle Öffnung (öffentlicher Zugang, anstatt geschlossenes, intra-institutionelles Verfahren). Und zweitens, hat das dänische Konsensuskonferenz-Modell am stärksten zur Verbreitung der partizipativen TA in den 1990er Jahren beigetragen und wird daher manchmal sogar mit dieser gleichgestellt.

Neben dem Konsensuskonferenz-Modell sind aber auch andere Beteiligungsverfahren in der TA zum Einsatz gekommen. Im angelsächsischen Raum ist das insbesondere das *Citizens' Jury*-Modell, das sich von Konsensuskonferenzen insofern unterscheidet, als dass die Organisatoren, und nicht das Bürgerpanel, die zu behandelnden Fragen formulieren, die Experten aussuchen und den Schlussbericht verfassen und die Veranstaltung unter Ausschluss der Öffentlichkeit stattfindet (Stewart et al. 1994).

Bürgerbeteiligung findet auch in den Methoden der *Szenarioworkshops*, *Future Search Conferences* und *Voting Conferences* statt (Andersen und Jæger 1999; *Technologirådet* 1997; Weisbord und Janoff 1995). Jedoch liegt hier der Schwerpunkt auf der Interaktion verschiedener *stakeholders* im TA-Prozess. So beteiligen sich zum Beispiel bei einem Szenarioworkshop städtische Planer, technische Experten, Unternehmer, Interessengruppen sowie Anwohner gemeinsam an der Beurteilung und Entwicklung von Szenarien zur konkreten Umsetzung von urbanen Nachhaltigkeitskriterien. Bei einer *Voting Conference* diskutieren gleich große Gruppen von Experten, Politikern, und Bürgern verschiedene technologische Optionen z.B. zur Vermeidung von Grundwasserverschmutzung. Bei diesen Verfahren geht es vor allem um das Eruieren von Gemeinsamkeiten und Differenzen hinsichtlich der Beurteilung sozio-technologischer Themen zwischen verschiedenen gesellschaftlichen Akteuren mit unterschiedlichen kontextuellen Perspektiven. Zusätzlich soll durch solche Beteiligungsverfahren der gesellschaftliche Lernprozess (*Social Learning*) unter den Akteuren unterstützt werden. Tabelle 2 gibt eine Übersicht über die Formen der Bürgerbeteiligung in verschiedenen partizipativen TA-Verfahren.

Mit der Durchführung von Bürgerkonferenzen und ähnlichen partizipativen TA-Verfahren werden erfahrungsgemäß Auswirkungen auf folgende Bereiche verfolgt:

- *Analyse*. Eine Bürgerkonferenz soll vertiefend Informationen über die Wahrnehmung und Beurteilung eines gesellschaftlich aktuellen, wissenschaftlich-technischen Themas aus der Sicht von informierten Laien/Bürgern liefern. Von besonderem Interesse sind hier die Art und Wei-

se, wie die Bürgergruppe die Frage- bzw. Problemstellung formuliert (thematisches *framing*), wie spezifische technologische Innovationen aus gesellschaftlicher und alltagsbezogener Perspektive beurteilt und welche Empfehlungen an Wissenschaft, Politik und Gesellschaft gemacht werden. Das Ergebnis kann – z.B. in der Form eines von der TA-Organisation zusammengestellten Analyseberichts – in die Prozesse sowohl der Technologieentwicklung (wie es mit dem niederländischen Konzept der konstruktiven TA verfolgt wird) als auch der Technologiepolitik (parlamentarische Entscheidungen, Regulation, *Hearings* etc.) einfließen.
- *Technologiepolitik.* Über die Funktion als reines Analyseinstrument hinaus wird mit Bürgerkonferenzen (von den Organisatoren wie auch verschiedenen Teilnehmern) oft mehr oder weniger explizit auch der Anspruch auf eine ‚demokratischere' Technikgestaltung und Technologiepolitik gestellt. Für die einen bedeutet dabei ‚Demokratisierung' die Schaffung von mehr Transparenz und größerer Beteiligungsmöglichkeiten verschiedener gesellschaftlicher Akteure innerhalb der bestehenden (repräsentativ-demokratischen) Entscheidungsarenen und -prozesse. Damit soll der viel kommentierten Legitimationskrise der (Technologie-) Politik und dem in diesem Zusammenhang oft geäußerten ‚demokratischen Defizit' entgegengesteuert werden (siehe dazu z.B. das Weißbuch *European Governance* der Europäischen Kommission 2001; Liboratore und Gerold 2001, vgl. auch C. Leggewie). Andere erwarten die Schaffung neuer Formen von Entscheidungsfindungsprozessen in der politischen und vor allem auch in der zivilgesellschaftlichen Sphäre (z.B. Sclove 1995). So sieht etwa das amerikanische *Loka Institute*, das 1998 erstmals in den USA eine dänische Konsensuskonferenz (zum Thema Telekommunikation und Demokratie) durchführte, seine Aufgabe in der Unterstützung zivilgesellschaftlicher Netzwerke (Loka Institute 2002). Die südkoreanischen Konsensuskonferenzen wurden von einer Koalition von Nicht-Regierungs-Organisationen zur Stärkung des öffentlichen Diskurses und zur kritischen zivilgesellschaftlichen Auseinandersetzung (*Monitoring*) mit der von der Regierung verfolgten Wissenschafts- und Technologiepolitik initiiert und mitorganisiert (mit finanzieller Unterstützung von UNESCO) (*People's Solidarity for Participatory Democracy* 2002).

Tabelle 2: Formen der Bürgerbeteiligung in verschiedenen partizipativen TA-Verfahren

Methode	Hauptmerkmale	Ziele (alle Verfahren = Politikberatung)	Form der Bürgerbeteiligung
Konsensus-konferenz	– 3-4-tägige, öffentliche Konferenz – Bürgerpanel befragt verschiedene Experten; evaluiert erhaltene Information; veröffentlicht schriftlichen Bericht mit Empfehlungen – Zwei Vorbereitungswochenenden für Bürgerpanel	– Bewertung aktueller sozio-technologischer Themen durch informierte Bürgergruppe – Vertiefte Information über Wahrnehmungen, Einschätzungen u. Erwartungen von Laien – Anregung des öffentlichen Diskurses	– Bürgerpanel = Hauptakteur – Gruppe von 12-30 'durchschnittlicher' Bürger – Bürgerpanel formuliert Fragen, wählt Experten(typen) aus; diskutiert mit Experten; schreibt Evaluationsbericht
Szenario-workshop	– 2-tägiger, geschlossener, lokaler Workshop – 24-32 Teilnehmer: Beamte, Privatunternehmer, Fachleute, Interessenvertreter, Anwohner – Erörterung und Entwicklung vers. Szenarien – Erarbeitung eines Aktionsplans	– Erwägung unterschiedl. technologischer Optionen in bestimmten lokalen Kontexten – Entwicklung technologischer Anwendungen mit Hilfe lokaler Akteure (User) – gegenseitiges Lernen (Social Learning)	– Bürger z.B. als Anwohner (Thematik: städtisches Wohnen), oder Bibliothekbenutzer (Thematik: On-line Bibliothek) – Interaktion zwischen gleichwertigen Teilnehmern, in gemischten Gruppen
Zukunfts-workshop	– 3-tägiger, geschlossener lokaler Workshop – 64 Teilnehmer in 8 Gruppen: Unternehmer, Politiker, Beamte, Experten, 2x NRO, 2x Bürger – Entwicklung gemeinsamer Zukunftsvisionen – Übersetzung der Visionen in Aktionsplan	– Planung von Zukunftsstrategien zu umstrittenen (technologischen) Themen – Verbesserte Kommunikation, gegenseitiges Lernen zwischen verschiedenen Akteuren – Identifikation gemeinsamer Zielsetzungen	– Zwei Bürgergruppen, z.B. Autofahrer, resp. öffentl. Verkehrsbenutzer (Thematik: Stadtverkehrsplanung) – versch., gleichwertige Teilnehmergruppen – gemeinsames Auswerten und Planen

Methode	Hauptmerkmale	Ziele (alle Verfahren = Politikberatung)	Form der Bürgerbeteiligung
Voting-Konferenz	– 1-tägige, öffentliche Konferenz – 3x60 Teilnehmer: Politiker, Experten, Bürger – Präsentation und Diskussion unterschiedl. Expertenvorschläge – Bewertung der Vorschläge durch Abstimmen	– Darlegung vers. (technischer) Optionen (z.B. betr. Grundwasserverschmutzung) – Eruieren der Standpunkte der 3 Teilnehmergruppen (Unterschiede/ Gemeinsamkeiten) – Anregung des öffentlichen Diskurses	– 60 'durchschnittliche' Bürger (Zufallsauswahl) – Befragung der Experten (alle Teilnehmer) – Beteiligung an anschl. Plenardiskussion – Individuelle Abstimmung über vorgeschlagene technische Strategien
PubliFocus	– Mehrtägige, geschlossene Fokusgruppenserie – Separate 4-stündige Diskussionsrunden in vers. Lokalitäten, mit je 10-12 Teilnehmern – Thematische Präsentation durch Experten – Diskussion unter den Bürgern	– Bürger über umstrittene Themen (z.B. Stammzellenforschung) diskutieren lassen – Nachträgliche Analyse der Fragen, Bedenken und Argumente der Teilnehmer durch die Organisatoren	– 60-72 Bürger, z.B. in sechs Gruppen: drei in vers. Regionen; drei mit unterschiedl. Teilnehmern (z.B. Frauen; Patienten; gläubige Personen) – mehrstündige Diskussion innerhalb der einzelnen Bürgergruppen

Anm.: Die ersten vier Verfahren sind vom Dänischen Technologierat entwickelt, resp. erstmals in der TA angewandt worden. Die Konsensuskonferenz basiert auf der *Consensus Development Conference Methode* der amerikanischen *National Institutes of Health*. Der Szenarioworkshop stellt eine Weiterentwicklung der 'Zukunftswerkstätte' dar. Der Zukunftsworkshop basiert auf der amerikanischen *Future Workshop* Methode. Die Voting-Konferenz ist eine Eigenentwicklung. Das vom TA-Zentrum des Schweizerischen Wissenschafts- und Technologierats angewandte PubliFocus Verfahren ist eine Weiterentwicklung der Fokusgruppen Methode. Wegen ihrer Ähnlichkeit zur Konsensuskonferenz ist die *Citizens Jury* (od. Bürgerforum) Methode nicht eigens aufgeführt. Die Unterschiede zwischen diesen beiden Methoden sind im Text aufgeführt.

– *Öffentlichkeitsdiskurs.* Durch die Beteiligung nicht nur von fachspezifischen Experten sondern auch verschiedener *stakeholders* und Bürger am TA-Prozess soll eine Verbindung zur Öffentlichkeit geschaffen werden. Dabei geht es bei Konsensuskonferenzen (im Unterschied etwa zu *Citizens' Juries*) nicht nur darum, relevante Öffentlichkeitsdiskurse zum Gegenstand der (internen) Analyse zu schaffen. Vielmehr soll der TA-Prozess selbst der Öffentlichkeit zugänglich sein, um ihn und seine Inhalte zum Gegenstand des Diskurses und der Analyse in der öffentlichen Sphäre zu machen (Joss 2002). Deshalb sollte die Öffentlichkeit auch zu Teilen der Konsensuskonferenzen eingeladen werden. Die Verbindung zum Öffentlichkeitsdiskurs wird neben der direkten Partizipation verschiedener gesellschaftlicher Akteure im TA-Prozess hauptsächlich über die Medienberichterstattung hergestellt. Daneben können aber auch unmittelbarere Verbindungen zu spezifischen Diskursprozessen entstehen, wenn zum Beispiel die im Verlaufe einer Bürgerkonferenz gesammelten Ressourcen und Erfahrungen (Expertendatei, Expertisen, Bürgervotum, Partizipienten etc.) an Dritte (z.B. ein Verein, eine Interessengruppe, oder eine Bürgerinitiative) zur Verfügung gestellt werden, die auf eigene Initiative eine Diskursaktivität initiieren.

– *Gesellschaftliches Lernen.* Durch den Prozess der Partizipation sollen den Teilnehmern unterschiedliche Perspektiven verschiedener Akteure näher gebracht werden und zugleich soll durch gegenseitiges Anhören von Standpunkten sowie gemeinsames Bewerten und Planen soziales Lernen gefördert werden. Dieses Ziel wird insbesondere mit den Methoden des Szenarioworkshops und der *Future Search*-Konferenz verfolgt, in denen die Teilnehmer in gemischten Gruppen die zur Diskussion stehende Thematik analysieren und gemeinsame Aktionspläne erarbeiten. Aber auch in Bürgerkonferenzen soll gesellschaftliches Lernen angeregt werden, indem sich die Experten direkt mit den Fragen und Kommentaren der Bürger sowie mit den Einwänden der Gegenexperten im offenen Forum auseinandersetzen.

– *Methodik.* Von der Durchführung von Bürgerkonferenzen erhoffen sich die Organisatoren oft auch Auswirkungen auf methodische Innovationen in der TA. Dies gilt vor allem für Organisationen mit wenig Erfahrung in diesem Bereich. Deshalb kommt den in einem bestimmten institutionellen und/oder nationalen Kontext erstmals durchgeführten Bürgerkonferenzen oft experimenteller Status zu. Es gilt herauszufinden, ob partizipative Verfahren für bestimmte Zwecke und Kontexte geeignet sind und ob die Form und der Prozess der Bürgerbeteiligung den institutionellen, thematischen und sozio-politischen Umständen angepasst werden müssen.

Mit der wachsenden Anzahl von durchgeführten Bürgerkonferenzen nimmt die Erwartung an tatsächlichen Auswirkungen auf die oben genannten Bereiche stark zu, jedoch kann sich die Beurteilung schwierig gestalten. Methodologisch stellt sich die Frage, wie Auswirkungen untersucht und gemessen werden sollen. Lässt beispielsweise die Anzahl von Medienberichten über eine Bürgerkonferenz eine Aussage über deren Auswirkung auf den Öffentlichkeitsdiskurs zu? Wie beurteilt man die Wirkung einer Konsensuskonferenz als Politikberatungsinstrument? Durch die Anzahl verteilter Konferenzberichte an Politiker und *Policy*-Experten; oder etwa gemäß der Häufigkeiten von Verweisen auf den Konferenzbericht in parlamentarischen Debatten; oder gar nach Aussagen von Politikern, die Empfehlungen des Bürgerpanels zu lesen und im Entscheidungsfindungsprozess in Erwägung zu ziehen?

Konzeptionell stellt sich die Frage, was denn überhaupt unter ‚Auswirkungen' zu verstehen ist. Geht man – wie das implizit oft der Fall ist – von einer mehr oder weniger direkten, linearen Beziehung zwischen einer Bürgerkonferenz und einem bestimmten technologiepolitischen Prozess aus, dann richtet sich das Augenmerk verständlicherweise auf direkte, sichtbare Effekte der Bürgerkonferenz, respektive des Bürgerberichts auf diesen Prozess (z.B. parlamentarische Debatten zum Thema). Nach diesem Verständnis müsste man sich von den bisherigen Bürgerkonferenzen insgesamt eher enttäuscht zeigen, da es nur in wenigen Fällen zu solchen, nachweisbaren Effekten gekommen ist. So hat die dänische Konsensuskonferenz von 1989 zur Humangenomkartierung, deren Schlussbericht das Parlament diskutierte, zu einem parlamentarischen Gesetzesvorschlag geführt (siehe Joss 1998). Technologiepolitik folgt jedoch einer komplexeren Realität. Technologiepolitische Entscheide werden plurizentristisch, d.h. unter Beteiligung einer Mehrzahl verschiedener politischer und zivilgesellschaftlicher Akteure in sich überschneidenden Netzwerken und Hybrid-Foren getroffen. Damit ergeben sich mögliche (direkte und indirekte) Auswirkungen einer Bürgerkonferenz auf verschiedenen Ebenen. Die Bereitschaft eines Industrievertreters, sich öffentlich eingehend mit den (oft kritischen) Fragen des Bürgerpanels auseinander zu setzen, der Entscheid einer Nicht-Regierungs-Organisation, eine kritische Stellungnahme zum Konferenzbericht zu veröffentlichen, oder die Einladung einer wissenschaftlichen Organisation an das Bürgerpanel, sich mit Wissenschaftlern zu weiterführenden Diskussionen zum Thema zu treffen, können ebenso relevante Auswirkungen darstellen wie zum Beispiel eine Diskussion der Bürgerkonferenz in einer parlamentarischen Debatte.

Schließlich ist die Beurteilung der Auswirkungen (und damit auch die Gesamtbeurteilung von Bürgerkonferenzen) auch deshalb schwierig, weil sie normativ beeinflusst ist. Ein Befürworter deliberativer, bzw. partizipativer Demokratie etwa beurteilt in der Regel eine Bürgerkonferenz grundsätzlich positiv und sieht schon rein in der Tatsache, dass eine solche überhaupt stattgefunden hat, einen Erfolg. Von einem liberal-demokratischen Protagonisten hingegen kann erwartet werden, dass er Bürgerkonferenzen eher skeptisch beurteilt und deren Funktion im etablierten, repräsentativ-demokratischen Entscheidungsprozess hinterfragt. Die Mehrzahl von thematisch relevanten akademischen Analysen und Diskussionsbeiträgen ist bisher von Autoren verfasst worden, die der partizipativen TA ideell und/oder institutionell (z.B. als Mitarbeiter in einer TA-Organisation) nahe stehen. Deshalb scheint es wichtig, auch kritischere Stimmen wahrzunehmen, die Bürgerkonferenzen und andere partizipative Verfahren zum Beispiel als strategische Versuche sehen, einen angeblichen gesellschaftlichen Konsens vorzutäuschen, wo es keinen solchen gibt; oder die Bürgerkonferenzen als populistische Versuche sehen, der wahrgenommenen Vertrauens- und Legitimationskrise politischer Institutionen mit beinahe theatermäßig inszenierten ‚Demokratie-Shows' entgegenzutreten[2].

Die Erfahrung mit Evaluationsstudien hat gezeigt, dass detaillierte, kontext-sensitive Analysen notwendig sind, um über die modellhafte und normative Charakterisierung hinaus vertiefende Information über die spezifische Bedeutung und Wirkung von Bürgerkonferenzen in bestimmten öffentlichen Entscheidungs- und Diskursprozessen zu erhalten. Neben konferenz-internen Aspekten, wie der Kommunikation zwischen den teilnehmenden Bürgern und Experten, oder der Auswertung der verschiedenen Experteninformation durch das Bürgerpanel, sollten daher auch externe Aspekte, wie die institutionelle Verankerung einer Bürgerkonferenz, oder deren sozio-politischen Kontext, mit berücksichtigt werden.

Die Ergebnisse solcher Analysen deuten auf eine vielfältige Funktion von partizipativen Verfahren in politischen Entscheidungsprozessen. So zeigte die erste britische Konsensuskonferenz (1994) zwar zur Enttäuschung der Organisatoren und des Bürgerpanels kaum einen nachhaltigen Einfluss auf die Biotechnologiepolitik (wofür es mehrere organisatorische und institutionelle Gründe gab), doch erwies sie sich als wegweisend für die graduelle Öffnung der britischen Wissenschafts- und Technologiepolitik (Joss und Durant 1995). Sowohl das wissenschaftliche Establishment, wie die *Royal Society* (die britische Akademie der Naturwissenschaften), als auch die Regierung haben sich (mit Verweis auf die 1994er Konsensuskonferenz und nachfolgenden Initiativen) sukzessive für partizipative TA ausgesprochen. Im Frühjahr 2002 beauftragte die Regierung eine unabhängige Beratungskommission mit der Durchführung einer breit angelegten öffentlichen Debatte über GVOs (nachdem in Großbritannien 1998-2000 eine ungewöhnlich heftige öffentliche Kontroverse stattgefunden hatte), einschließlich mehrerer regionaler Konsensuskonferenzen (AEBC 2002).

In anderen Fällen haben partizipative Verfahren dazu gedient, Prioritäten in themen-spezifischen Entscheidungsprozessen zu setzten. Bei der dänischen

---

2 Der erste Kritikpunkt wurde z.B. im Zusammenhang mit der ersten britischen Konsensuskonferenz von 1994 und dem schweizerischen 'Dialog zur Gendiagnostik' Verfahren von 1998 von Vertretern von Umweltschutzgruppen, rsp. feministischen Organisationen in Interviews mit dem Autor formuliert. Der zweite Kritikpunkt wurde z.B. während der von der Universität Graz 2002 durchgeführten *International Summer Academy on Technology Studies* (7.-13. Juli 2002) von einem dänischen Akademiker geäußert.

Abstimmungskonferenz (*Voting Conference*) von 1997 sollten unterschiedliche technologische Strategien zum Trinkwasser-Management von Experten erarbeitet werden, die dann 160 Teilnehmer (Bürger, Experten und Politiker) auf einer Tagung im Parlamentsgebäude diskutierten und schließlich darüber abstimmten. Die Vorschläge einer Umweltschutzorganisation, und eines Trinkwasserverbands konnten sich dabei klar durchsetzen (Teknologirådet 1997). Dieses Ergebnis führte wegen seiner Deutlichkeit (und der klaren Absage an den von landwirtschaftlichen Organisationen unterbreiteten Vorschlags) anschließend im Parlament zu einer Debatte.

Andere partizipative Verfahren scheinen politisch und gesellschaftlich wenig bewirkt zu haben, wie die erste niederländische Konsensuskonferenz von 1993 über transgene Tiere, die kurz nach einem entsprechenden parlamentarischen Entscheid abgehalten wurde (Hamstra und Feenstra 1993; Glasmeier 1995). Das Interesse der Politiker und der Medien an der Konferenz war vermutlich aufgrund des bereits erfolgten parlamentarischen Entscheids gering. Hätte die Konferenz vor dem Entscheid und an einem zentraleren Ort stattgefunden, wäre die Resonanz in der Öffentlichkeit nach Angaben der Evaluatoren stärker ausgefallen. Dieses Beispiel zeigt auch, dass die Bedeutung und Wirkung einer Bürgerkonferenz auch von internen Faktoren, wie einer guten Zeitplanung und einem geeigneten Durchführungsort, abhängen.

1.4 Ausblick

Seit 1987 in Dänemark die erste Konsensuskonferenz mit einem Bürgerpanel stattfand, sind europaweit und darüber hinaus Dutzende von ähnlichen Bürgerkonferenzen zu einem breiten sozio-technologischen Themenspektrum abgehalten worden. Die Bürgerkonferenz *Streitfall Gendiagnostik* reiht sich so in eine wachsende Tradition der partizipativen TA ein. Neben der Ausbreitung von Bürgerkonferenzen hat gleichzeitig eine reichhaltige methodische Innovationsphase stattgefunden, was sich in der Praxis beispielsweise in der Form von Szenarioworkshops und *Voting*-Konferenzen manifestiert. Auch auf institutioneller Ebene hat sich die partizipative TA zunehmend etabliert und ist dabei mehr und mehr von einer explorativen in eine programmatische Phase übergegangen.

Das zeigt sich am Beispiel von Großbritannien, wo nach mehreren Jahren des Ausprobierens (meist außerhalb oder am Rande der politischen Sphäre) die Regierung partizipative TA-Verfahren in politische Entscheidungsprozesse (etwa zu Fragen der Freisetzung von Gentechnisch veränderten Organismen, der Priorisierung bei Dienstleistungen im Gesundheitswesen und der Sicherheit im Bahnverkehr) zu integrieren begonnen hat. Auch die Europäische Kommission hat sich im Zusammenhang mit der beabsichtigten Schaffung eines Europäischen Forschungsraums (*European Research Area*, ERA) und der Veröffentlichung des *European Governance* Weißbuchs für vermehrte Bürgerbeteiligung (u.a. durch Konsensuskonferenzen) am politischen Prozess und in der öffentlichen Debatte ausgesprochen. Schließlich haben zahlreiche wissenschaftlichen Institutionen, wie Universitäten und Akademien der Wissenschaften, die partizipative TA thematisiert und in ihre Arbeitsprogramme aufgenommen.

Insgesamt gesehen, weist die Entwicklung der partizipativen Technikfolgenabschätzung in den letzten zehn bis zwanzig Jahren auf eine graduelle Öffnung der Wissenschafts- und Technologiepolitik hin. Einerseits werden wissenschafts- und technologiepolitische Entscheidungsprozesse transparenter, also der Öffentlichkeit zugänglicher gestaltet, andererseits wird die Öffentlichkeit verstärkt aktiv in diese Prozesse eingebunden. Diese Öffnung erfolgt spezifisch im Wissenschafts- und Technologiebereich, wo die Kompetenz und Autorität herkömmlicher ‚technokratischer' Entscheidungsprozesse und -gremien infolge einer Reihe öffentlicher Kontroversen (man denke etwa an BSE, oder die Kontaminierung von Lebensmitteln mit GVOs) kritisiert worden sind. Weiterhin werden gesellschaftlich, respektive ethisch herausfordernde wissenschaftliche Entwicklungen (z.B. Klonierung, embryonale Stammzellenforschung) von einer kritischen Öffentlichkeit (einschließlich der Medien) zunehmend hinterfragt. Generell liegen die Gründe in der wahrgenommenen Legitimationskrise der Politik, die etwa mit der Desillusionierung eines wachsenden Bevölkerungsteils (v.a. auch Jugendlicher) an den herkömmlichen politischen Prozessen und der damit verbundenen Abkehr von diesen Prozessen (wie sich das z.B. bei Wahlen äußert), mit dem Vertrauensverlust gegenüber politischen Institutionen und ihren Trägern sowie mit der zunehmenden Medialisierung der Politik erklärt wird.

Bürgerkonferenzen stellen einen Versuch dar, diese institutionelle Öffnung im Bereich der Wissenschafts- und Technologiepolitik zu ermöglichen. Mit der wachsenden Zahl von Bürgerkonferenzen und anderen partizipativen TA-Verfahren haben wissenschaftliche und politische Institutionen signalisiert, dass sie die Relevanz des öffentlichen Diskurses sowohl für die inhaltliche Gestaltung als auch für die demokratische Legitimation der Technologiepolitik erkannt haben.

Inwiefern einzelne Bürgerkonferenzen im Dickicht der politischen Realität tatsächlich zu dieser Öffnung beigetragen und auf bestimmte politische Entscheidungsprozesse und Öffentlichkeitsdiskurse eingewirkt haben, ist umstritten. Angesichts der Komplexität und Vielschichtigkeit politischer und gesellschaftlicher Prozesse sind Kausalbeziehungen zwischen einer Bürgerkonferenz und einem politischen Entscheid bzw. einer öffentlichen Debatte oft schwer fassbar. Die Einschätzung der Wirkung von Bürgerkonferenzen fällt aber auch je nach normativem Standpunkt und Werteinstellung unterschiedlich aus. Diese Einschätzung hängt unter anderem davon ab, wie optimistisch, respektive pessimistisch (oder realistisch!) man den Willen und das Potenzial politischer Institutionen zur Öffnung von institutionalisierten Entscheidungsprozessen sieht. Auch in Zukunft wird es deshalb wichtig sein, detaillierte, kontext-spezifische Analysen von Bürgerkonferenzen und anderen partizipativen TA-Methoden vorzunehmen, um deren Bedeutung und Wirkung realitätsbezogen diskutieren zu können.

Ungeachtet der unterschiedlichen Einschätzung der Auswirkung von Bürgerkonferenzen auf Entscheidungsprozesse in der politischen Sphäre, sollte doch gleichzeitig auch bedacht werden, dass – im Unterschied zu traditionellen TA-Verfahren – mit diesem Modell (zumindest eine partielle) Öffentlichkeit geschaffen wird. Diskussionen und Analysen, die sonst Experten und ‚Eingeweihten' hinter verschlossenen Türen führen, werden durch direkte Teilnahme und Medienberichterstattung einer weiteren Öffentlichkeit zugänglich gemacht. So werden nicht nur die inhaltlichen Themen der Bürgerkonferenzen zum Gegenstand des öffentlichen Diskurses, sondern auch die Verfahren (einschließlich deren Zielsetzung, Umsetzung und Organisation) selbst. Damit wird erfahrungsgemäß eine, oft kritische, reflexive Diskussion (quasi ein ‚Diskurs über den Diskurs') ausgelöst. Dies wiederum kann sich auf den politischen Entscheidungsprozess im Sinne der Öffnung und der Transparenz positiv auswirken.

Bürgerkonferenzen können auch Entscheidungs- und Diskursprozesse in der öffentlichen Sphäre selbst anregen bzw. beeinflussen. Signifikanterweise ist eine waschende Zahl von Bürgerkonferenzen von Organisationen außerhalb des traditionellen TA-Bereichs durchgeführt worden, wie z.B. von Museen und Nicht-Regierungs-Organisationen, um damit auf verschiedenen Ebenen öffentliche Diskurse anzuregen und zu unterstützen. Darin kann man eine Erweiterung der TA von der wissenschaftlichen und politisch-administrativen Sphäre in den öffentlichen Raum sehen. Bürgerkonferenzen können dabei eine verbindende, respektive verknüpfende Rolle zwischen den verschiedenen Sphären (wissenschaftlich, politisch, öffentlich) spielen, und zwar sowohl inhaltlich, indem verschiedene Diskurse zur eingehenden Erörterung in die TA eingebracht werden, als auch strukturell, indem verschiedene intra-, inter- und extrainstitutionelle Prozesse und Akteure in einer (temporären) Arena zusammengeführt und einander näher gebracht werden.

Literatur

AEBC (2002): *Agriculture and Environment Biotechnology Commission*. Homepage. URL: http://aebc.gov.uk.

Andersen, I.-E./Jæger, B. (1999): Scenario workshops and consensus conferences: towards more democratic decision-making. In: *Science and Public Policy*, 10/1999., Special issue on public participation in science and technology. Vol. 26 (5): 331-340.

Bereano, P.L. (1997): Reflections of a participant-observer; the technocratic/democratic contradiction in the practice of technology assessment. In: *Technological Forecasting and Social Change*, Vol. 54: 163-175.

Bimber, B./Guston, D.H. (1995): Politics by the same means; government and science in the United States. In: Jasanoff, S./Markle, G.E./Petersen, J.C./Pinch, T. (Hg.): *Handbook of Science and Technology Studies*. Thousand Oaks/London/Neu Delhi: 554-571.

Bulletin of Science, Technology & Society (2002). Special issue „*Democratising Technology*" (hg. v. Hudspith, B., Chopyak, J.); Vol. 22 (3), Juni 2002: 177-246.
Cronberg, T. (1991): Experiments into the future; a summary of results from Danish social experiments with information technology. In: *Tekster Om Teknologivurdering 4*. Lyngby.
Cronberg, T. (1992): Technology assessment in the Danish socio-political context. In: Tekster om Teknologivurdering 9. Lyngby.
deLeon, P. (1993): Demokratie und Policy-Analyse: Ziele und Arbeitsweise. In: *Politische Vierteljahresschrift*, Vol. 34 (Sonderheft 24): 471-485.
Dickson, D. (1988): *The New Politics of Science*. Chicago/London: 2. Auflage.
Van Eijndhoven, J. (2000): The Netherlands. Technology Assessment from Academically Oriented Analysis to Support of Public Debate. In: Vig, N.J./Paschen, H. (Hg.): *Parliaments and Technology. The Development of Technology Assessment in Europe*. Albany: 147-172.
Europäische Kommission. (2001): *European Governance White Paper*. COM (2001). 428 final. Brüssel.
Fischer, F. (1993): Bürger, Experten und Politik nach dem Nimby-Prinzip: ein Plädoyer für die partizipatorische Policy-Analyse. In: *Politische Vierteljahresschrift*, 34 (Sonderheft 24): 451-470.
Glasmeier, A. (1995): „Consensus conferences, the media and public information in the Netherlands. In: Joss, S./Durant J. (Hg.): *Public Participation in Science: The Role of Consensus Conferences in Europe*. London: 67-73.
Grundahl, J. (1995): The Danish consensus conference model. In: Joss, S./Durant, J. (Hg.): *Public Participation in Science: The Role of Consensus Conferences in Europe*. London: 31-40.
Hamstra, A. (1995) The role of the public in instruments of constructive technology assessment. In: Joss, S./Durant, J. (Hg.): *Public Participation in Science: The Role of Consensus Conferences in Europe*. London: 53-66.
Hamstra, A./Feenstra, M.H. (1993): Publiek Debat: genetische modificatie, mag dat? Prjectverslag en evaluatie. In: *OnderzÖksrapport 153*. Den Haag.
Herdman, R.C./Jensen, J.E. (1997): The OTA story: the agency perspective. In: *Technological Forecasting and Social Change*, Vol 54 (Sonderausgabe): 131-143.
Héritier, A. (Hg.) (1993): Policy-Analyse. Kritik und Neuorientierung. In: *Politische Vierteljahresschrift*, Vol. 34 (Sonderheft 24/1993). Opladen.
Joss, S. (1998): Danish consensus conferences as a model of participatory technology assessment: an impact study of consensus conferences on Danish Parliament and Danish public debate. In: *Science and Public Policy*, Vol. 25: 2-22.
Joss, S. (2000a): Participation in Parliamentary Technology Assessment. From Theory to Practice. In: Vig, N.J./Paschen, H. (Hg.): *Parliaments and Technology. The Development of Technology Assessment in Europe*. Albany: 325-362.
Joss, S. (2000b): *Die Konsensuskonferenz in Theorie und Anwendung*. Leitfaden. Stuttgart.
Joss, S. (2002): Toward the Public Sphere. Reflections on the Development of Participatory Technology Assessment. In: *Bulletin of Science, Technology & Society*, Vol. 22 (3), Juni 2002: 220-231.
Joss, S./Durant, J. (Hg.) (1995): *Public Participation in Science: The Role of Consensus Conferences in Europe*. London.
Klüver, L. (2000): The Danish Board of Technology. In: Vig, N.J./Paschen, H. (Hg.): *Parliaments and Technology. The Development of Technology Assessment in Europe*. Albany: 173-197.
Liberatore, A./Gerold, R. (2001): White Paper on Governance. Broadening and enriching the public debate on European matters. In: *Report of the Working Group ‚Democratising Expertise and Establishing Scientific Reference Systems*. Brüssel.

The Loka Institute (2002): Homepage: URL: http://loka.org.
Norton, M. (2000): Origins and Functions of the UK Parliamentary Office of Science and Technology. In: Vig, N.J./Paschen, H. (Hg.): *Parliaments and Technology. The Development of Technology Assessment in Europe.* Albany: 65-92.
Paschen, H. (2000): The Technology Assessment Bureau of the German Parliament. In: Vig, N.J./Paschen, H. (Hg.): *Parliaments and Technology. The Development of Technology Assessment in Europe.* Albany: 93-124.
People's Solidarity for Participatory Democracy (2002): Homepage: URL: http://pspd.org
Schot, J. (2001): Towards new forms of participatory technology development. In: *Technology Analysis & Strategic Management.* Vol. 13 (1): 39-52.
Schot, J./Rip, A. (1996): The past and future of constructive technology assessment. In: *Technological Forecasting and Social Change.* Vol. 54: 251-268.
Schweizerischer Wissenschafts- und Technologierat (2002): Homepage: URL: http://taswiss.ch
Science and Public Policy (1999): Special issue on public participation in science and technology. Vol. 26 (5), Oktober: 289-380.
Science et Cité. 2002. Home-Page. URL: http://science-et-cite.ch.
Sclove, R.E. (1995): *Democracy and Technology.* New York/London.
Shapley, D. (1972): Office of Technology Assessment: Congress smiles, scientists wince. In: *Science,* 115: 970-973.
Stewart, J./Kendall, E./Coote, A. (1994): *Citizens' Juries.* London.
Teknologirådet (1997): Drinking water – clean water, but how?, *Project Info 3* (Juli 1997). Kopenhagen.
Trägerschaft des ‚Dialog Gendiagnostik' (1999): *Dialog zur Gendiagnostik.* Schlussbericht. Basel.
Vig, N.J./Paschen, H. (Hg.). (2000): *Parliaments and Technology. The Development of Technology Assessment in Europe.* Albany.
Weisbord, M.R./Janoff, S. (1995): *Future Search. An Action Guide to Finding Common Ground in Organisations & Communities.* San Fransisco.

Leonhard Hennen

2. Experten und Laien – Bürgerbeteiligung und Technikfolgenabschätzung in Deutschland

Für moderne Gesellschaften ist eine zunehmende ‚Verwissenschaftlichung' und ‚Technisierung' sowohl der Politik als auch der alltäglichen Lebenswelt kennzeichnend. Dies lässt sich an so offensichtlichen Erscheinungen festmachen wie der Tatsache, dass man in Beruf und Freizeit selbstverständlich mit einem ganzen Arsenal von technischen Geräten umgeht. Darüber hinaus sind die meisten Fragen gesellschaftlicher Entwicklung – oder gesellschaftlicher Wohlfahrt – heutzutage unlösbar mit Fragen des Einsatzes wissenschaftlich-technischer Errungenschaften verknüpft. Neue und ‚revolutionäre' wissenschaftlich-technische Innovationen sowie die damit verbundenen Chancen und Risiken bestimmen die politische Agenda weitgehend.

Damit einher geht – sowohl im Alltag als auch in der Politik – ein weiterer Effekt: Prozesse der ‚Verwissenschaftlichung' und ‚Technisierung' teilen die Gesellschaft in Experten und Laien – wobei auch die Experten in den Feldern, die außerhalb ihres durch Ausbildung und Beruf erworbenen Sachverstandes liegen, Laien sind, die wiederum andere Experten zu Rate ziehen. Im Alltag sind wir als laienhafte Nutzer komplexer technischer Geräte und als in komplexe Infrastrukturen der Ver- und Entsorgung eingebundene Verbraucher vom technischen Wissen der Experten abhängig; uns wird dabei ein erhebliches Maß an Vertrauen in die Zuverlässigkeit dieses Wissens abverlangt. Als Rat suchende Klienten nehmen wir nicht nur in technischen Fragen, sondern auch in privaten Fragen der Lebensplanung das Wissen von Fachleuten in Anspruch. In der Politik tritt der Wissenschaftler in der Rolle des Politikberaters dem demokratisch legitimierten Entscheidungsträger gegenüber. Er setzt ihn nicht nur über den ‚Stand von Wissenschaft und Technik' in Kenntnis, sondern berät ihn darüber hinaus hinsichtlich der hieraus für gesellschaftliche Probleme zu ziehenden Schlussfolgerungen. Faktisch werden damit die politischen Entscheidungen neben ihrer demokratischen auch mit einer durch die Weihen wissenschaftlicher Expertise vermittelten Legitimation versehen (Ezrahi 1990).

Als ‚Experte' tritt der Wissenschaftler grundsätzlich aus dem Feld der reinen Wissenschaft heraus und wendet sein Wissen auf zunächst nicht wissenschaftliche, vielmehr praktische und politische Fragen an. Damit werden aus Menschen, die unter Rückgriff auf allgemeine, allen in mehr oder weniger gleichem Maße zugängliche Kenntnisse und Klugheitsregeln versuchen, triviale und komplexe, private und öffentliche Probleme zu bewältigen, Laien, die dabei auf die Unterstützung durch (und das Vertrauen in) mehr oder weniger exklusiv erworbenes Expertenwissen angewiesen sind.

Die damit verbundenen komplexen Probleme hinsichtlich des Verhältnisses von Wissenschaft und Demokratie werden schon seit langem und in immer wiederkehrender Konjunktur angesprochen. Unter den Stichworten ‚Expertokratie' und ‚Technokratie' wurden sie schon in den 1960er Jahren in Deutschland im sozialwissenschaftlichen und politischen Rahmen diskutiert (Schelsky 1961; Habermas 1968). Seit der in den 1970er Jahren zunehmenden öffentlichen Problematisierung von Folgen und Risiken der wissenschaftlich-technischen Entwicklung, dem Auftreten von Protest- und Umweltbewegungen und der Forderung von Mitspracherechten durch Bürgerinitiativen werden immer wieder grundsätzliche Fragen zum Verhältnis von Wissenschaft, Politik und demokratischer Öffentlichkeit gestellt. Während am Anfang eine Entdemokratisierung politischer Entscheidung durch die ‚Herrschaft der Experten' problematisiert wurde, werden zwischenzeitlich eher die Grenzen der Verwissenschaftlichung der Politik angesichts unsicheren und umstrittenen wissenschaftlichen Wissens über die Zukunft, in der Risikobewertung und in ethischen Fragen thematisiert. Damit bleibt auch die Frage nach der Herrschaft der Experten weiter relevant. Sie wird jedoch mittlerweile neu akzentuiert. Nicht die Entpolitisierung durch die Herrschaft der Experten, die noch Thema der Technokratiedebatte war, sondern die „Krise der Experten" (Jasanoff 2000), deren politische Rolle mit zunehmender Bedeutung von Wissenschaft für die Lösung gesellschaftlicher Probleme kenntlich wird, bildet den Focus der Diskussion um die Risikogesellschaft (Beck 1986) oder um neue Formen der Wissensproduktion, die die gesellschaftliche Bestimmtheit von Expertise deutlich machen und die bisher selbstverständliche Autorität der Experten in Frage stellen (Nowotny et al. 2001).

2.1 Politische Reaktionen auf die Krise der Experten

Es lassen sich typischerweise drei politische Reaktionsformen auf das Problem des mangelnden Vertrauens in wissenschaftliche Expertise und die deutlich werdenden Grenzen wissenschaftlichen Wissens in Fragen der Risikobewertung ausmachen:

- *Wissenschaftliche Politikberatung.* Verfahren wie die Technikfolgenabschätzung (TA) lassen sich von ihrer Entstehung her durchaus noch dem Vertrauen in den Sachverstand als Lösung von Entscheidungsproblemen zuordnen, bergen aber in sich schon eine Reaktion auf die Krise der Experten. Es soll der beste verfügbare Sachverstand mobilisiert und mögliche negative Folgen sollen umfassend untersucht werden, um sachlich rationale und sozial akzeptable politische Entscheidungen zu ermöglichen. Gegenstand der Analyse sind dabei auch unterschiedliche Werthaltungen und Betroffenheiten, die dann in die Bewertung von Wissenschaft und Technik einbezogen werden. Dabei werden die Widersprüchlichkeit und (im Hinblick auf Entscheidungen) mangelnde Eindeutigkeit wissenschaftlichen Wissens reflektiert. Dennoch bleibt Technikfolgenabschätzung (zunächst) einem expertenzentrierten Modell wissenschaftlicher Politikberatung verhaftet.

- *Information der Laien und verstärkte Wissenschaftskommunikation.* Eine aus Sicht der Wissenschaft und auch der Politik naheliegende Reaktion ist es, die Krise der Experten vor allem als Problem der Laien zu interpretieren. Die Expertenkritik wird mit einer Kritik an den Laien beantwortet. In erster Linie werden das mangelnde wissenschaftliche Verständnis der Laien oder ihr Unvermögen die Rationalität zum Beispiel wissenschaftlicher Risikobewertung nachzuvollziehen, ihre unangemessen emotionale oder moralisierende Perspektive auf die wissenschaftlich-technische Entwicklung als Grund für ein abnehmendes Vertrauen in Expertise oder den Verlust an Autorität der Wissenschaft gesehen. Aus dieser Auffassung resultieren verstärkte Aktivitäten zur ‚Aufklärung' oder ‚Erziehung' der Öffentlichkeit, um die Laien sozusagen auf das Rationalitätsniveau der Wissenschaft zu heben, womit - so die Hoffnung - Vertrauen in Expertise wiederhergestellt werden könne.
- *Beteiligung von Laien und Betroffenen.* Eine Reaktion, die angesichts zunehmender Normalität von Debatten, Kontroversen und Konflikten um technische Innovationen bald an Bedeutung gewann, könnte man als ‚Strategie der Beteiligung' bezeichnen. Aus dem faktischen Zwang heraus, dass sich die Ansprüche der Öffentlichkeit nicht mehr ignorieren lassen, oder aus Einsicht in die Berechtigung ihrer Ansprüche wird die kritische Öffentlichkeit in Entscheidungsprozesse hinein- oder doch näher an sie herangeholt. Dabei lassen sich verschiedene Ebenen der Partizipation unterscheiden: von der lokalen - etwa bei Entscheidungen über die Ansiedlung von Industrieanlagen - bis hin (wie bei den Konsensuskonferenzen) zur nationalen - etwa in Fragen der ethischen Verantwortbarkeit neuer Technologien.

Die Technikfolgenabschätzung ist einerseits selbst als expertenzentriertes Verfahren der Politikberatung konzipiert, andererseits verdankt sie aber ihre Existenz bereits dem Streit um Expertise und reflektiert auf die Ansprüche der Öffentlichkeit. Deshalb ist es nicht verwunderlich, dass die TA eine starke Affinität zu partizipativen Verfahren der Einbeziehung unterschiedlicher Interessen und Werte aufweist. Bereits seit den 1960er Jahren gehört Partizipation als Postulat zur Theorie der Technikfolgenabschätzung (OECD 1978). Lange blieb TA aber in der Mehrzahl der Fälle eher ein expertenzentriertes und an den Prinzipien wissenschaftlicher Rationalität orientiertes Verfahren. Etwa seit Mitte der 1980er Jahre hat sich die TA-Praxis verstärkt um eine Weiterentwicklung des Prinzips der Partizipation bei TA-Prozessen bemüht. Es war vor allem die Einsicht in die Grenzen einer, an klassischer wissenschaftlicher Politikberatung orientierten TA, die dieses Thema im Rahmen methodologischer Diskussionen aktuell werden ließ. Der eigene Anspruch von TA, politische Entscheidungen durch die Vorhersage von Nebenfolgen quasi gegen Irrtümer und Kritik zu immunisieren, ließ sich nicht einlösen. Die Komplexität der Entscheidungssituation, die Vielzahl zu berücksichtigender Einflussfaktoren, ließ die Hoffnung auf exakte Prognosen als illusionär erscheinen. Die zumindest implizit gehegte Hoffnung, durch Wissenschaft zur Formulierung einer besten, sachlich angemessenen – und damit auch akzeptablen – Entscheidung zu finden, konnte auch angesichts auseinanderdriftender Wertvorstellungen bei Beteiligten und Betroffenen nicht länger aufrecht erhalten werden. Einen *one best way*, eine ‚rein sachlich' begründete technologiepolitische Entscheidung kann es aufgrund der kognitiven und normativen Unsicherheiten nicht geben.

Während in anderen Ländern solche Überlegungen zu Versuchen der Beteiligung auch von Laien (d.h. nicht organisierten Bürgern) in die Technologiebewertung führte, blieben Ansätze in Deutschland (und z.B. auch in Großbritannien) lange Zeit eher zögerlich (zu einem Überblick über die aktuelle Situation in Europa vgl. Joss/Bellucci 2002). Dies mag unter anderem damit zusammenhängen, dass Politiker, die Adressaten von TA, aber auch Wissenschaftler lange Zeit der Auffassung waren, dass Partizipation die Probleme nicht nur nicht löst, sondern diese durch ‚irrationale' Technikkritik der Laien eher noch vergrößert werden. Dies schlug und schlägt sich in einer wiederkehrenden Konjunktur des Vorwurfs der ‚Technikfeindlichkeit' nieder. Nach Ansicht vieler Vertreter aus Wissenschaft und Politik zeigt sich vor allem die deutsche Öffentlichkeit als besonders ablehnend gegenüber modernen Technologien und den Entwicklungen der (Natur-)Wissenschaften. Als Ursache für diese vermeintliche ‚Technikfeindlichkeit' in Deutschland wurde dann oft vereinfachend die Manipulation durch überkritische Medien oder die Vernachlässigung naturwissenschaftlicher Themen in Schule und Ausbildung angeführt. Mit solchen Argumentationsmustern versuchte man, Ansprüche und Kritik organisierter und nicht-organisierter Bürger als Ausdruck unbegründeter und irrationaler Technikfeindlichkeit zurückzuweisen (Hennen 1994).

Heute spielt das Thema Technikfeindlichkeit eine vergleichsweise untergeordnete Rolle. Sowohl auf Seiten der Politik als auch der Wissenschaft ist ein Bemühen um neue Formen des Dialogs mit der Öffentlichkeit zu verzeichnen. So wird von der Politik, zum Beispiel im Rahmen der Bemühungen um eine nachhaltige Gestaltung der wirtschaftlichen und gesellschaftlichen Entwicklung und auch im Hinblick auf die grundsätzliche ethische Fragen aufwerfenden Fortschritte in der Biomedizin (Gendiagnostik und -therapie, Fortpflanzungsmedizin, therapeutisches Klonen), immer wieder die Notwendigkeit eines breiten gesellschaftlichen Diskurses betont. Von Seiten der Wissenschaft sind etwa mit der Initiative des Stifterverbandes der Deutschen Wissenschaft zum Thema *Public Understanding of Science and Humanities* (PUSH) neue Schritte zur besseren Verständigung zwischen Wissenschaftlern und Laien unternommen worden. Hierbei folgt man vielfach noch der Maxime einer umfassenderen Aufklärung der breiten Öffentlichkeit, von der man sich einen intensiveren Dialog erhofft. Dabei wird nun aber auch die spezifische alltagspraktische Rationalität von Laien in der Auseinandersetzung mit möglichen Folgen und ethischen Implikationen neuer wissenschaftlich-technischer Entwicklungen anerkannt.

Hier haben sicherlich die Ergebnisse der sozialwissenschaftlichen Forschung zum Umdenken beigetragen. Diese zeigen, dass sich die These von der Technikfeindlichkeit empirisch nicht stützen lässt und die Ursachen für zunehmende öffentliche Kontroversen über Wissenschaft und Technik eher in der wachsenden Komplexität von Entscheidungsproblemen, angesichts derer auch Wissenschaft an ihre Grenzen stößt, zu suchen sind, als schlicht in der mangelnden Aufgeschlossenheit der Öffentlichkeit für Wissenschaft und Technik (Hennen 1994). Es ist aber wahrscheinlich kein Zufall, dass das Ernstnehmen von Ansprüchen der Öffentlichkeit (von Laien) in Prozessen der Meinungsbildung und Entscheidungsfindung zu ethischen Fragen zeitlich und auch inhaltlich mit der Diskussion um die Gentechnik zusammenfällt. Insbesondere die Fortschritte in der Gentechnologie werfen grundsätzliche, und in der Öffentlichkeit kontrovers diskutierte, ethische Fragen auf. Der Druck auf die Politik, sich moderierend oder regulierend einzuschalten, ist damit gestiegen. Deutlich wird, dass es ohne eine breite öffentliche Diskussion, in der sich neben den Experten aus der Wissenschaft eine Vielzahl von sozialen Gruppen, angefangen von den Kirchen, über Patienten- und Elternorganisationen bis hin zu Selbsthilfegruppen behinderter Menschen zu Wort melden, kaum Aussichten auf sachlich und sozial legitimierte politische Entscheidungen geben kann. Die Einrichtung eines Nationalen Ethikrates mag noch auf die Autorität der Experten setzen, wenn auch hier bereits der Begriff des ‚Experten' weit gefasst ist: Nicht nur Vertreter der Wissenschaft, sondern auch gesellschaftlicher Organisationen sind in den Ethikrat berufen worden. Als ein weiteres Beispiel kann die Initiative der ehemaligen Gesundheitsministerin Andrea Fischer gelten, im Kontext der Vorbereitung rechtlicher Regelungen zur Humangenetik einen gesellschaftlichen Dialog in Gang zu setzen, der in dem großen Kongress *Fortpflanzungsmedizin in Deutschland* im Jahr 2000 mündete, auf dem nicht nur Experten sondern Vertreter einer Vielzahl von sozialen Gruppen intensiv und kontrovers über ethische Fragen der modernen Fortpflanzungsmedizin diskutierten (BMG 2001).

2.2 Bürgerbeteiligung in Deutschland

Nun war und ist Deutschland in Bezug auf die Beteiligung der Öffentlichkeit an, im *weiteren* Sinne, technologiepolitischen Entscheidungsprozessen durchaus kein Entwicklungsland. Auf der Ebene lokaler Konflikte und administrativer Planungsverfahren gibt es schon seit geraumer Zeit eine Vielzahl von Ansätzen der Bürgerbeteiligung. Im Rahmen von formalen Verfahren der Planung und Genehmigung größerer Projekte auf der lokalen Ebene (Planfeststellungsverfahren) ist die Öffentlichkeitsbeteiligung schon seit langem rechtlich vorgeschrieben. Aber auch jenseits gesetzlich vorgeschriebener Information und Beteiligung der Öffentlichkeit werden von den Verwaltungen zur Vermeidung von Konflikten bei der Planung von Großprojekten (seien dies Autobahnen oder Müllverbrennungsanlagen) Möglichkeiten der direkten Beteiligung von betroffenen Laien an den Planungsprozessen erprobt. Insbesondere waren es entsorgungspolitische Fragen, die auf regionaler Ebene zur Initiierung von Konfliktvermittlungs- oder so genannter Mediationsverfahren führten. Unter Beteiligung aller Betroffenen wird nach gangbaren Wegen zur Lösung lokaler und regionaler Konflikte, zum Beispiel bei der Suche nach Standorten für eine geplante Deponie oder Müllverbrennungsanlage, gesucht. Verfahren der Mediation und der runden Tische sind mittlerweile durchaus weit verbreitet (Fietkau/Weidner 1992; Wiedemann et al. 1991; Köberle et al. 1997).

Erwähnung verdient in diesem Zusammenhang auch das Konzept der *Planungszelle* (Dienel 1997), dessen Anwendung in einer ganzen Reihe von Fällen gezeigt hat, dass Laien durchaus in der Lage sind, z.B. im Vorfeld der Sanierung von Stadtvierteln, in einem eigenen Gutachten wichtige Informationen zu Planungsprozessen beizusteuern.

Auf die Ebene der politischen Diskussion um grundlegende wissenschafts- und technologiepolitische Fragen hat es das Thema Partizipation in Deutschland erst im Rahmen der Diskussion um die Gentechnik gebracht. Hier ist sicherlich an erster Stelle ein vom *Wissenschaftszentrum Berlin für Sozialforschung* durchgeführter, so genannter TA-Diskurs (auch WZB-Verfahren) zu genetisch hergestellten herbizidresistenten Nutzpflanzen (HR-Technik) zu nennen (van den Daele et al. 1996). An diesem Projekt hat sich insbesondere die eher wissenschaftliche Diskussion um die Möglichkeiten und Grenzen einer diskursiven (argumentativen) Klärung grundsätzlicher Fragen der Risikobewertung oder der Ethik abgearbeitet (vgl. die Beiträge in: von Prittwitz 1996; Köberle et al. 1997). Dies kann, was die Realisierung diskursiver Elemente angeht, als das bisher anspruchsvollste der durchgeführten Verfahren in Deutschland gelten. Die Bewertung der HR-Technik wurde als weitgehend von den Teilnehmern (Vertreter von in der HR-Technik engagierten Unternehmen, Umweltgruppen, Wissenschaftler) selbst organisierte Debatte angelegt. Die Teilnehmer übernahmen soweit wie möglich die Prozesskontrolle, d.h. sie beschlossen nach einer Initiativeinladung des Projektteams über den endgültigen Teilnehmerkreis und die Thematik. Sie wählten als koordinierendes Gremium einen Ausschuss, in dem alle beteiligten Gruppen vertreten waren. Grundidee des Verfahrens war die Herstellung eines ‚Argumentationszwanges', wodurch man sich die Verpflichtung der Teilnehmer auf ‚Sachrationalität' erhoffte. Dies ist nach Ansicht der Veranstalter trotz erheblicher Kontroversen – beispielsweise darüber, in welcher Weise Alternativen zur HR-Technik im Verfahren Berücksichtigung finden sollten – auch gelungen. Am Ende des Verfahrens stand dann allerdings der Rückzug der Umweltgruppen aus dem Diskurs. Sie kritisierten die Zusammenfassung der Ergebnisse durch das Projektteam ebenso wie den Umstand, dass von Seiten der beteiligten Unternehmen vor Abschluss des Verfahrens Freisetzungen herbizidresistenter Nutzpflanzen unternommen wurden.

Hier und auch in einem vom Land Niedersachsen durchgeführten Diskurs zum Thema Gentechnik (Saretzki 1998) ging es um die Beteiligung von Nicht-Wissenschaftlern an einer, bis *dato* weitgehend von wissenschaftlichen Experten geführten Diskussion. Die involvierten Laien waren aber durchaus Vertreter organisierter gesellschaftlicher Gruppen, die in der öffentlichen Diskussion als Protagonisten der kontrovers geführten Debatte über Risiken und ethische Probleme der Nutzung neuer gentechnischer Verfahren auftraten. Insofern handelt es sich um eine Partizipation von Meinungsführern an einem Diskurs zur Klärung wissenschaftlich umstrittener Sachverhalte und zur Klärung der Frage einer angemessenen politischen Regulierung.

Hiervon zu unterscheiden ist der Versuch, in übergreifenden technologiepolitischen Fragen auch das Urteil nicht-organisierter, als Personen nicht spezifisch betroffener Bürgerinnen und Bürger – also Laien im eigentlichen Sinne – in Prozesse der Technikbewertung einzubeziehen. Das Modell für die mittlerweile in vielen Ländern unternommenen Verfahren der Einbeziehung von Laienurteilen war und ist das dänische Modell der Konsensuskonferenzen (vgl. den Beitrag von Joss und Schicktanz/Naumann in diesem Band). Hier sind es zufällig ausgewählte Bürger und Bürgerinnen, die etwa zu Fragen der sozialen Konsequenzen von Gentechnik einer Gruppe von Experten gegenüberstehen, diese mit ihren Fragen zum Thema konfrontieren, sich in internen Diskussionen eine Meinung bilden und ein eigenes Gutachten – eine ‚Laienexpertise' – zu den aus ihrer Sicht wichtigen Fragen und Problemen mit entsprechenden Forderungen an die Verantwortlichen in Wissenschaft und Politik verfassen.

Vergleichbare Ansätze wurden bislang in Deutschland nur von der *Akademie für Technikfolgenabschätzung* in Baden-Württemberg im Rahmen ihrer TA-Diskurse (Wachlin/Renn 1999) verfolgt. Die Akademie setzte das Instrument der so genannten Bürgerforen und der von diesen Foren erstellten Bürgergutachten bisher für Fragen regionaler Planungsvorhaben und Konflikte ein (z.B. Standortsuche für Entsorgungsanlagen). In zwei Fällen wurde auch ein Bürgergutachten zu übergreifenden wissenschafts- und technologiepolitischen Fragen wie Gentechnik und Klimaschutz verfasst.

Abgesehen von diesen, zum Teil auf die spezifische Situation in Baden-Württemberg abgestellten Ansätzen stellt die Dresdner Bürgerkonferenz *Streitfall Gendiagnostik* den ersten Versuch in Deutschland dar – bezogen auf eine übergreifende nationale gesellschaftliche Debatte –, dem Urteil des ‚Mannes und der Frau auf der Straße' im laufenden Prozess der politischen Meinungsbildung und Entscheidungsfindung neben den vielfach vorliegenden Expertengutachten eine Stimme zu verleihen.

2.3 Probleme und Perspektiven der Laien-Partizipation

Die entscheidende Frage, die sich im Hinblick auf die Dresdner Bürgerkonferenz, aber auch grundsätzlich für Verfahren der Beteiligung von organisierten und nicht-organisierten Laien an der Bewertung von ethischen Problemen und Risiken bzw. Chancen neuer Technologien stellt, ist die nach dem Verhältnis solcher Verfahren zu den etablierten demokratischen Verfahren der Entscheidungsfindung und zu etablierten Verfahren der expertenzentrierten Politikberatung. Partizipative Verfahren wie Konsensuskonferenzen oder auch diskursive Verfahren wie das erwähnte WZB-Verfahren können und wollen die Entscheidungen demokratisch legitimierter Instanzen nicht ersetzen. Dennoch erheben sie den Anspruch, zu deren Entscheidungsfindung Wesentliches beizutragen, die Grundlagen für eine informierte, alle Aspekte des Problems berücksichtigende Entscheidung zu verbessern.

Die Bereitschaft der legitimierten Entscheidungsträger in Parlamenten und Regierungen, Ergebnisse von Laienberatungen in der Entscheidungsfindung zu berücksichtigen, lässt sich als Frage der politischen Kultur begreifen. Oft wird das Argument vorgebracht, dass die politisch-kulturellen Voraussetzungen dafür, dass Laienkonferenzen tatsächlich eine politische Rolle spielen können, in Ländern mit ausgeprägter Konsensorientierung und Traditionen der öffentlichen Beratung wie Dänemark und Niederlande weitaus besser seien als in Deutschland, das eine solche Tradition nicht kennt und in dem Debatten um neue Technologien wesentlich konfrontativer geführt werden. Wenn auch die Bedeutung solcher Faktoren nicht von der Hand zu weisen ist, liegt doch der entscheidende limitierende Faktor in der grundlegenden technologiepolitischen Verfassung westlicher Demokratien (und das betrifft die Niederlande genauso wie Deutschland). Forschung und Entwicklung neuer Technologien fallen in liberalen Demokratien unter die bürgerlichen Freiheitsrechte. Sie unterliegen nicht dem Vorbehalt staatlicher Entscheidungen, darüber, ob eine technologische Innovation unseren Vorstellungen von einem guten Leben entspricht, ob sie von einer breiten Öffentlichkeit (vertreten durch gewählte Repräsentanten) als nützlich, sinnvoll oder wünschenswert erachtet werden. Der Erfolg oder Misserfolg der Innovation auf dem Markt weist aus, ob diese mit den Bedürfnissen und Werten der Gesellschaft vereinbar ist. Und nur durch erhebliche Gefahren für Gesundheit und Umwelt ist ein rechtlich regulierender Eingriff in den Prozess der Technikentwicklung und -nutzung legitimierbar.

Zwar spricht durchaus Einiges für die Auffassung, dass die Entwicklung moderner Technik und die mit dieser verbundenen weitreichenden gesellschaftlichen Folgen und ethischen Probleme unsere Lebensumstände in mindestens gleichem Maße bestimmen wie die Gesetzgebung. „Technologiepolitische Bürgerrechte" (Frankenfeld 1992; kritisch dazu: Saretzki 2000) – vergleichbar den politischen Bürgerrechten – gibt es aber bisher nicht und damit auch keine rechtlich einklagbare Pflicht zur Berücksichtigung von Bedenken der Öffentlichkeit. Ob partizipative Verfahren wie Bürgerkonferenzen Wirkungen im Bereich der Entscheidungsfindung entfalten können, wird damit im Wesentlichen von der öffentlichen Aufmerksamkeit abhängen, die sie finden. Bürgerkonferenzen stellen hauptsächlich den Versuch dar, ein neues Element der Verbindung zwischen den in der Öffentlichkeit stattfindenden Debatten und der Ebene der politischen Entscheidungsfindung herzustellen, bzw. einen zusätzlichen Kristallisationskern für eine Erweiterung von Debatten über organisierte Interessen hinaus auf die allgemeine Öffentlichkeit zu schaffen.

Das Niveau der öffentlichen Auseinandersetzung in Deutschland, zum Beispiel zu Fragen der Gentechnik, gilt im internationalen Vergleich als eher hoch. Die Voraussetzungen dafür, dass zusätzliche Elemente der Politikberatung im Angesicht der Schwierigkeiten konsensfähige Entscheidungen zu finden, zumindest begrüßt werden, sind damit nicht schlecht. Immerhin ist es der Dresdner Konferenz gelungen, wohlwollende Unterstützung beim Bundesforschungsministerium und auch beim Stifterverband für die Deutsche Wissenschaft zu finden. In welcher Weise sich Verfahren wie die Bürgerkonferenz in Zukunft im politischen Feld positionieren können, bleibt aber abzuwarten.

Zur Zeit zeigt sich in sozialwissenschaftlichen Diskussionen eine Tendenz, den Status von Wissenschaft als übergesellschaftliche Instanz der Produktion von objektivem, kontext-unabhängigem Wissen in Frage zu stellen und die Rolle nicht-wissenschaftlicher Akteure bei der Lösung gesellschaftlicher Probleme neu zu bewerten (z.B. Nowotny et al. 2001). Dabei wird insbesondere die Bedeutung auch des impliziten Wissens und der Alltagserfahrung von Laien – gerade dann, wenn es um regional bezogene Probleme und entsprechende wissenschaftlich gestützte Problemlösung geht – betont. In diesem Zusammenhang ist dann von einer Wiederaneignung von Expertise durch Laien die Rede, die wiederum eine grundsätzlich neue Definition des Verhältnisses von Wissenschaft und Gesellschaft, Laien und Experten impliziert. Wissenschaft verliert dabei den Status einer privilegierten unabhängigen Instanz und wird eher als Partner bei der Problemlösung gesehen, der sich eine Bewertung seiner Erkenntnisse und Vorschläge im Lichte des Alltagsverstandes gefallen lassen muss.

Unbestreitbar scheint, das zeigt auch die Dresdner Bürgerkonferenz, dass Laien grundsätzlich in der Lage sind, sachkundig über Fragen komplexer neuer Technologien zu diskutieren und mögliche Folgen zu bewerten. Unbestreitbar hat sich auch die Sensibilität der Wissenschaft für Sorgen und Einsprüche von Laien erhöht. Sollte ein Prozess grundsätzlicher Neudefinition des Verhältnisses von Wissenschaft und Öffentlichkeit im Gange sein, so kann man Verfahren wie die Bürgerkonferenz als Teil dieses Prozesses verstehen. Der Vorgang ist aber vorläufig noch im Stadium des Experimentes, und eine grundsätzliche Neubestimmung würde möglicherweise auch die oben genannte verfassungsmäßig garantierte Freiheit von Wissenschaft und Forschung nicht unberührt lassen, in jedem Fall aber eine Diskussion um die Grenzen von wissenschaftlichem Forschungsdrang und Innovationstätigkeit wie auch die Eingriffsrechte von Bürgern implizieren.

Der französische Wissenschaftsforscher Bruno Latour (2000) hat in einem Aufsatz das hier angesprochene Problem bis auf die antike griechische Demokratie und den von Platon geschilderten Streit zwischen Sokrates und dem Sophisten Kallikles zurückgeführt. Der Sophist Kallikles tritt in diesem Streit als Vertreter der griechischen Aristokratie auf, der beansprucht, durch seine überlegene Herkunft und überzeugende Rede das Volk von Athen zu führen. Dem tritt Sokrates als Vertreter des allein auf Wahrheit gegründeten Rechtes entgegen, das dem Machtanspruch Grenzen setzt. Latour sieht Sokrates hier als Vertreter der unabhängigen wissenschaftlichen Vernunft und Kallikles als Vertreter der politischen Elite und attestiert *beiden*, nicht nur wie üblich dem Machtmenschen Kallikles, *Agoraphobie*. Beide überheben sich über die in der athenischen *Agora* versammelten Bürger; der eine qua Macht, der andere im Namen der objektiven Wahrheit, der Philosophie. Nicht anders als Kallikles als Vertreter der aristokratischen politischen Elite spricht auch Sokrates – so die Lesart Bruno Latours – durch seine Berufung auf objektive Wahrheit dem eigentlichen Souverän (dem Volk) die Fähigkeit zu vernünftiger Entscheidung, in Kenntnis seiner eigenen Interessen, ab. Ob sich im Zeitalter der Massendemokratie ein Äquivalent zur griechischen *Agora*, dem Platz in der Mitte des Gemeinwesens, auf dem die Bürger um das öffentliche Gemeinwohl in Ansehen ihrer eigenen Interessen streiten und zu allgemein akzeptierten Lösungen kommen, überhaupt denken lässt, kann man sicherlich mit Recht bezweifeln. Dass die verschiedenen Versuche der Etablierung von Foren, runden Tischen und Diskursen etc. ein Element der Re-Etablierung des eigenen Rechtes und der eigenen Vernunft der Bürger beinhalten, scheint aber ebenso offensichtlich. Zur Verhandlung steht dabei, dies macht der Rückgriff Latours auf zweieinhalbtausend Jahre Geschichte deutlich, nicht nur das Verhältnis von Bürgern zu ihren (gewählten) politischen Eliten, sondern auch der paternalistische Anspruch von Experten, unter Berufung auf die Wissenschaft im Namen der Laien zu sprechen und zu entscheiden.

Literatur

Beck, Ulrich (1986): *Risikogesellschaft. Auf dem Weg in eine andere Moderne.* Frankfurt/M.
Bundesministerium für Gesundheit (Hg.) (2001): *Fortpflanzungsmedizin in Deutschland.* Schriftenreihe des Bundesministeriums für Gesundheit, Bd. 132, Baden-Baden.
Dienel, Peter C. (1997): *Die Planungszelle. Eine Alternative zur Establishment-Demokratie.* Opladen: 4. Auflage.
Ezrahi, Yaron (1990): *The descent of Icarus. Science and the transformation of contemporary democracy.* Cambridge/London.
Fietkau, Hans-Joachim/Weidner, Helmut (1992): Mediationsverfahren in der Umweltpolitik. Erfahrungen in der Bundesrepublik Deutschland. In: *Aus Politik und Zeitgeschichte,* B39-40, S. 24-34.
Frankenfeld, Philip J. (1992): Technological Citizenship: A normative framework for risk studies. In: *Science, Technology and Human Values,* 17, S. 459-484.
Habermas, Jürgen (1968): *Technik und Wissenschaft als Ideologie.* Frankfurt/M.
Hennen, Leonhard (1994): *Ist die deutsche Öffentlichkeit technikfeindlich?,* Büro für Technikfolgen-Abschätzung beim Deutschen Bundestag, TAB-Arbeitsbericht Nr. 24, Bonn.
Jasanoff, Sheila (2000): The „science wars" and American politics. In: Dierkes, Meinolf/ Grote, Claudia (Hg.): *Between understanding and trust – The public, science and technology.* Amsterdam: 39-60.
Joss, Simon/Bellucci, Sergio (eds.) (2002): *Participatory Technology Assessment – European Perspectives.* University of Westminster, London.
Köberle, Sabine/Gloede, Fritz/Hennen, Leonhard (Hg.) (1997): *Diskursive Verständigung? Mediation und Partizipation in Technikkontroversen.* Baden-Baden.
Latour, Bruno (2000): *Die Hoffnung der Pandora. Untersuchungen zur Wirklichkeit der Wissenschaft.* Frankfurt/M.
Nowotny, Helga/Scott, Peter/Gibbons, Michael (2001): *Rethinking Science. Knowledge and the public in an age of uncertainty.* Cambridge/Oxford.
OECD (1978): Social assessment of technology. A review of selected studies. Paris.
v. Prittwitz, Volker (Hg.) (1996): *Verhandeln und Argumentieren. Dialog, Interessen und Macht in der Umweltpolitik.* Opladen.
Saretzki, Thomas (1998): Das Diskursprojekt „Gentechnologie in Niedersachsen": Ein dezentralisiertes Forum für die Kontroverse zwischen „Machern" und „Mahnern" und seine Vermittlungsprobleme. In: Ammon, Ursula/Behrens, Maria (Hg.): *Dialogische Technikfolgenabschätzung in der Gentechnik.* Münster: 79-94.
Saretzki, Thomas (2000): Technologische Bürgerschaft? Anmerkungen zur Konstruktion von „citizenship" in einer technologischen „polity". In: Martinsen, Renate/Simonis, Georg (Hg.): *Demokratie und Technik – (k)eine Wahlverwandtschaft?* Opladen: 17-52.
Schelsky, Helmut (1965; zuerst 1961): Der Mensch in der wissenschaftlichen Zivilisation. In: ders.: *Auf der Suche nach der Wirklichkeit.* Köln: 439-480.
Wachlin, Klaus Dietrich/Renn, Ortwin (1999): Diskurse an der Akademie für TA in Baden-Württemberg. In: Bröchler, Stephan/Simonis, Georg/Sundermann, Karsten (Hg.): *Handbuch Technikfolgenabschätzung.* Berlin: 713-722.
Wiedemann, Peter M./Femers, Susanne/Hennen, Leonhard (1991): *Bürgerbeteiligung bei entsorgungswirtschaftlichen Vorhaben.* Berlin.
van den Daele, Wolfgang/Pühler, Alfred/Sukopp, Herbert (1996): *Grüne Gentechnik im Widerstreit. Modell einer partizipativen Technikfolgenabschätzung zum Einsatz transgener Pflanzen.* Weinheim.

II. Entstehung, Ablauf und Erfahrungen der ersten bundesweiten Bürgerkonferenz am Deutschen Hygiene-Museum Dresden

Pia Ritter-Hellbusch, Jörg Naumann und Christian Holtorf

1. Der Gläserne Mensch – das Deutsche Hygiene-Museum als Ort des Wissensdialogs

Der Gläserne Mensch – das berühmteste Ausstellungsstück des Deutschen Hygiene-Museums – hat seit seiner Entstehung einen Bedeutungswandel erlebt: Die Figur steht heute nicht mehr nur für Aufklärung und Erkenntnis, sondern auch für den möglichen Missbrauch des Wissens, der über den Bereich des bloßen Datenschutzes hinaus reicht. Fortgeschrittene Techniken der Gendiagnostik werden mit der Metapher vom ‚Gläsernen Menschen' verbunden, um den Zuwachs an medizinischem Wissen, therapeutischen Normen und ökonomischen Interessen – zum Beispiel durch Arbeitgeber und Versicherungen – gleichermaßen zum Ausdruck zu bringen. Diesem Bedeutungswandel wird auch in der Programmatik des Museums Rechnung getragen.

Die Originalfigur des Gläsernen Menschen entstand 1930 in den museumseigenen Werkstätten. Ein transparenter Kunststoff erlaubte den Blick auf das Aluminiumskelett, die aufleuchtenden Organe und die aus zwölf Kilometer Draht gebogenen Blut- und Nervenbahnen. Die durchsichtige Figur war Anschauungsmittel, Unterhaltungsobjekt und Exportschlager in einem. Sie wurde in europäischen Metropolen, in den USA und Japan gezeigt und war einer der Stars der Pariser Weltausstellung von 1937. Der philosophische Imperativ ‚Erkenne dich selbst!' fand in der mit handwerklicher Präzision gefertigten Figur eine überraschende Konkretion.

Der Gläserne Mensch ist als spektakuläres Lehrmittel der Gesundheitspädagogik Abbild und Vorbild zugleich. Er ist ein Musterbeispiel für die Grundsätze, die Karl August Lingner, Odol-Fabrikant und Gründer des Deutschen Hygiene-Museums, schon 1912 für die Exponate des Hauses gefordert hatte: „Die Objekte des Museums (...) werden so gestaltet, beschrieben und erläutert werden, dass sie von jedem Laien ohne Vorbildung verstanden werden. (...) Das Hygiene-Museum soll eine Stätte der Belehrung sein für die ganze Bevölkerung, in der jedermann sich durch Anschauung Kenntnisse erwerben kann, die ihn zu einer vernünftigen und gesundheitsfördernden Lebensführung befähigen" (Lingner 1912a: 10f.). Lingners Betonung der „Anschauung" macht den Zusammenhang zwischen Aufklärung und Beleuchtung, Therapeutik und Transparenz deutlich. Der Gläserne Mensch wurde Hoffnungsträger einer Anthropologie, „die nur das Sichtbare und Wissbare sehen kann und gerade dadurch vor dem schwer Durchschaubaren kapituliert" (Jeggle 1990: 134). Diese Entwicklung sah den Menschen als technisches Problem, Krankheit als Defekt, den Körper als „wundervolle(n) Menschenmaschine" (Lingner 1912b: 4). Der Gläserne Mensch wurde zum Sinnbild einer Aufklärung, die sich vor allem durch eines auszeichnet: Durchschaubarkeit.

1.1 Gesundheitsaufklärung – die Geschichte des Deutschen Hygiene-Museums

Zur Eröffnung des Museums anlässlich der II. Internationalen Hygiene Ausstellung 1930 kamen drei Millionen Besucher nach Dresden. Der Gläserne Mensch wurde die Sensation der Ausstellung *Der Mensch*. Wanderausstellungen des Hygiene-Museums zu Fragen der Gesundheit waren fortan in verschiedenen Städten Deutschlands, aber auch im Ausland zu sehen. Das Haus produzierte in großer Zahl Lehrmittel über die Funktion des menschlichen Organismus und versandte diese weltweit. Im Museum fanden nationale und internationale Kongresse statt.

Das Museum war Ausdruck der Hygiene-Bewegung, die ihren Anstoß in der mangelnden öffentlichen und privaten Gesundheitsvorsorge im 19. Jahrhundert fand. Industrialisierung und steigende Bevölkerungszahlen in den Städten führten zu unzureichenden Wohnverhältnissen und mangelhaften Sanitär-Einrichtungen. Das Ergebnis fehlender Kenntnisse über Krankheitsursachen und Vorbeugungsmaßnahmen waren verheerende Epidemien in vielen Städten. 1883 entdeckte Robert Koch den bakteriellen Erreger der Cholera und beendete damit einen langen Streit über die Ursachen dieser Epidemien. Die aus den neuen wissenschaftlichen Erkenntnissen hervorgegangenen Sauberkeitsforderungen für das private und öffentliche Leben mündeten in großen Sozial- und Hygiene-Ausstellungen. Sie präsentierten einen „Glauben an die Machbarkeit auch auf dem Felde der Gesundheit" (Vogel 2002).

Darüber hinaus entwickelte sich innerhalb der Hygiene-Bewegung das Bild eines modernen Subjekts, dessen Körper „mit einem bewussten, sich selbst beobachtenden und regulierenden Ich verbunden" wurde: „Dieses Reden über Gesundheit kennt kein Schicksal und keinen Zufall mehr, und es will auch nicht warten, bis der Arzt kommt, sondern fordert eine kleinliche Aufmerksamkeit für sich selbst, eine unablässige Sorge um sich, eine dauernde Selbstregulation" (Sarasin 1996: 163). Der menschliche Körper musste instand gehalten werden wie ein Maschinenpark. Die später in den Werkstätten des Hygiene-Museums hergestellte Gläserne Fabrik und verschiedene Gläserne Motoren veranschaulichen diese Analogie.

In den 1920er Jahren etablierte sich ein allgemeines Bedürfnis nach kühler Sachlichkeit und nüchterner Funktionsanalyse innerhalb der je eigenen

Der Gläserne Mensch

Lebenssituationen. Der Literaturwissenschaftler Hellmut Lethen hat diese Entwicklung einleuchtend damit erklärt, dass gerade „in Augenblicken sozialer Desorganisation (...) Verhaltenslehren gebraucht (werden), die Eigenes und Fremdes, Innen und Außen unterscheiden helfen" (Lethen 1994: 7). Die Erfahrung der Kriegsniederlage habe darüber hinaus Bilder hervorgerufen, „die den Menschen als Bewegungsmaschine, seine Gefühle als ‚motorische(s) Gebaren' und die Charaktere als Masken wahrnehmen" ließen (Lethen 1994: 10 und 29). Die Strategien zur Funktionalisierung des Menschen fanden in der Eugenik und Rassenhygiene der Nationalsozialisten ihre groteske Fortsetzung. Der Gläserne Mensch – nach wie vor das berühmteste Ausstellungsstück des Deutschen Hygiene-Museums – wurde zur materiellen Veranschaulichung der ‚Volkskörperideologie' der nationalsozialistischen Gesundheits- und ‚Rassenpolitik' eingesetzt. Ausstellungen wie *Volk und Rasse, Eugenik und Gesundheitspflege* und *Ewiges Volk* sowie Diaserien und anderes Agitationsmaterial unterstützten diese Politik.

Nach dem Ende des Zweiten Weltkrieges übernahm das Ministerium für Gesundheitswesen der DDR die Aufsicht über das Deutsche Hygiene-Museum. Im Mittelpunkt der Vorgaben durch die Partei- und Staatsführung stand die Gesundheitserziehung zur Förderung des sozialistischen Systems. So stand die Gesundheitskonferenz 1960 unter dem Slogan *Gesundheit, Leistungsfähigkeit, Lebensfreude für den Sieg des Sozialismus*.

In der Lehrmittelproduktion des Museums begann die serienmäßige Herstellung von Gläsernen Figuren. Mittlerweile gab es neben der Gläsernen Frau auch das Gläserne Pferd, später kamen die Gläserne Kuh und Gläserne Zellen hinzu. Der Gläserne Mensch wurde in dieser Zeit hauptsächlich als Quelle für die notorisch knappen Devisen der DDR geschätzt.

1.2 Kritischer Dialog zwischen Wissenschaft und Gesellschaft

Die Wende von 1989 und die Wiedervereinigung 1990 ergaben die Chance und die Notwendigkeit für eine konzeptionelle Neuorientierung des Deutschen Hygiene-Museums. In dem schrittweise zum *Museum vom Menschen* weiterentwickelten Haus wurden seit 1990 zahlreiche Sonderausstellungen zu Kultur und Biologie des Menschen gezeigt, die die gesellschaftlichen Folgen der modernen Wissenschaften zur Diskussion stellten. Der Gläserne Mensch stand nun auch sinnbildlich für die Gesellschaftlichkeit des Wissens und die Janusköpfigkeit der Selbstverantwortung zwischen individueller Entscheidungsfreiheit und verinnerlichten Machtstrukturen.

Bei der Darstellung alter und neuer Wissenszusammenhänge, moderner Forschungsbedingungen und gesellschaftlicher Bewertungen orientierte sich das Museum an dem Motto des *Public Understanding of Science* (PUS), unter dem die *Royal Society* in London ein Programm startete, das den Kenntnisstand über die Naturwissenschaften in der Bevölkerung verbessern sollte.

Auslöser für diese Initiative waren Umfrageergebnisse, die der britischen Bevölkerung geringe wissenschaftliche Kenntnisse attestierten. Das Ziel der *Royal Society* war es, über die Vermittlung von Fakten eine größere Akzeptanz für die Wissenschaften in der Bevölkerung zu schaffen. Spätere Untersuchungen zeigten allerdings, dass diese Vorhaben nicht erfolgreich umgesetzt werden konnten. Zum einen haben sich die Kenntnisse wissenschaftlicher Sachverhalte in der Bevölkerung trotz entsprechender Maßnahmen nicht wesentlich verbessert. Laut Eurobarometer 2001, einer Befragung, die im Auftrag der Europäischen Kommission regelmäßig innerhalb der EU durchgeführt wird, fühlen sich immer noch zwei Drittel der Befragten schlecht über die Wissenschaft informiert.[1] Zum anderen bescheinigte im Jahr 2000 ein Report des englischen Parlaments, dass die Kommunikation zwischen Wissenschaft, Gesellschaft und den Medien immer noch unbefriedigend sei und es an öffentlichem Vertrauen für die Wissenschaft mangele (Science and Society 2000: 4). Auch die Evaluierung der *Bürgerkonferenz Streitfall Gendiagnostik* zeigt, dass die Gleichung ‚Mehr Wissen bringt mehr Akzeptanz' nicht aufgeht (vgl. den Beitrag von René Zimmer in diesem Band).

Mit den Erfahrungen von mehr als 15 Jahren PUS-Arbeit startete in England daraufhin ein neues Programm, *Science in Society*, um den Dialog zwischen Wissenschaft und Gesellschaft fester zu verankern. Auch in Deutschland wuchs in den letzten Jahren die Aufmerksamkeit für dieses Problem (vgl. den Beitrag von Hennen). Mit der zunehmenden Bedeutung der Lebenswissenschaften ist der Slogan *Public Understanding of Science* um die Worte *and Humanities* (PUSH) erweitert worden. Daran anlehnend führt der Stifterverband für die Deutsche Wissenschaft seit 1999 ein umfassendes Aktionsprogramm durch. Die Initiatoren fordern, dass der Dialog mit der Öffentlichkeit zukünftig den „ihm angemessenen hohen Stellenwert erhält" (Stifterverband 1999: 60). Das Bundesministerium für Bildung und Forschung setzte 2001 mit dem ‚Jahr der Lebenswissenschaften' einen weiteren Schwerpunkt, um weite Kreise der Gesellschaft über humanwissenschaftliche Entwicklungen angemessen zu informieren und die Diskussion um die gesellschaftlichen Konsequenzen anzuregen.

Der dafür erforderliche Dialog braucht Räume, Akteure, Organisation und Strukturen. Das Deutsche Hygiene-Museum ist ein Ort, an dem Wissen über den Menschen und seine Beziehungen in Gesellschaft und Umwelt vermittelt wird. Wissen, das eine bewusste Lebensführung erlaubt und eine aktive Auseinandersetzung mit Fragen des Menschseins ermöglicht. Dabei versteht sich das Museum nicht als eine Einrichtung zur Akzeptanzbeschaffung für die Wissenschaft, sondern als ein Ort, in dem unvoreingenommen Wissen auf seine gesellschaftliche Relevanz geprüft und kontrovers diskutiert werden kann.

---

1 Eurobarometer 55.2, in: Europäische Kommission (Hg.) (2001).

Der Gläserne Mensch

Mit dem Thema ‚Gendiagnostik' für die erste bundesweite Bürgerkonferenz nahm das Deutsche Hygiene-Museum ein aktuelles und umstrittenes Thema auf. Die Ausstellungen *Genwelten-Werkstatt Mensch* und *Der (im)perfekte Mensch* beförderten die Auseinandersetzung mit den gesellschaftlichen Konsequenzen der Biowissenschaften. *Der (im)perfekte Mensch* (20.12.2000 bis 12.08.2001) konfrontierte in Dresden 170.000 Besucher und Besucherinnen mit kritischen Fragen zu Perfektionsidealen, zum Verhältnis zwischen Normalität und Abweichung und mit ihrem Bild von Behinderung. Im letzten Teil der Ausstellung äußerten sich bekannte Wissenschaftler, Künstler, Politiker, behinderte und nichtbehinderte Menschen zum Für und Wider der Biotechnologie. Diese persönlichen Stellungnahmen sollten die Besucher anregen, eine eigene Position in der Debatte zu finden und sich in die gesellschaftliche Auseinandersetzung zu den Möglichkeiten und Gefahren dieser Entwicklung einzubringen.

Das Deutsches Hygiene-Museum hat diese Kontroverse mit der Bürgerkonferenz in einem neuartigen Prozess der Wissensaneignung und des Diskurses weitergeführt. Der Gläserne Mensch lässt sich dabei nicht mehr nur eindeutig als Metapher für die verbesserten Möglichkeiten medizinischer Diagnostik begreifen, sondern steht heute für die Hoffnungen *und* Befürchtungen, die mit der Entwicklung der Biotechnologie verbunden sind. Die öffentliche Auseinandersetzung um Krankheitsvorsorge, biologische Normierung sowie die Vermittlung und soziale Einschätzung der neuen Technologien könnte durch weitere Bürgerkonferenzen – auch mit erweiterten Diskursmethoden – gefördert werden, damit die gesellschaftliche Diskussion dieser wichtigen Fragen lebendig bleibt.

Literatur

Europäische Kommission (2001): Eurobarometer 55.2, *Europeans, Science and Technology*. Brüssel.
Jeggle, Utz (1990): „Glück und Glas ..." Anmerkungen eines Volkskundlers zur Metaphorik des Gläsernen. In: Beier, Rosemarie/Roth, Martin (Hg.): *Der Gläserne Mensch – eine Sensation. Zur Kulturgeschichte eines Ausstellungsobjekts*. Berlin: 125-134.
Lethen, Helmut (1994): *Verhaltenslehren der Kälte*. Frankfurt/M.
Lingner, August (1912a): *Denkschrift zur Errichtung eines National-Hygiene-Museums in Dresden*. Dresden.
Lingner, August (1912b): Der Mensch als Organisationsvorbild. Gastvortrag, Bern.
Sarasin, Philipp (1996): Subjekte, Diskurse, Körper. Überlegungen zu einer diskursanalytischen Kulturgeschichte. In: Hartwig, Wolfgang/Wehler, Hans-Ulrich (Hg.): *Kulturgeschichte heute* (Geschichte und Gesellschaft, Sonderheft 16), Göttingen: 131-164.
Science and Society (2000): Third report, hg. v. The United Kingdom Parliament.
Stifterverband für die Deutsche Wissenschaft (1999): Memorandum „Dialog Wissenschaft und Gesellschaft". Essen.
Vogel, Klaus (2002): Vom „Durchsichtigen" zum „Gläsernen Menschen". In: Körner, Hans/Stercken, Angela (Hg.): *Kunst, Sport und Körper. Ge-So-Lei. 1926-2002*. Ostfildern-Ruit (im Erscheinen).

Silke Schicktanz und Jörg Naumann

2. Ablauf und Methode – die erste bundesweite Bürgerkonferenz

Die im Deutschen Hygiene-Museum in Dresden durchgeführte bundesweite Bürgerkonferenz zur Gendiagnostik führte eine Gruppe von ehrenamtlich arbeitenden Bürgerinnen und Bürgern der unterschiedlichsten Qualifizierung und Altersgruppen zusammen. In diesem Modellprojekt hatten sie die Möglichkeit, sich kompetent und ergebnisorientiert am komplexen Dialog zur aktuellen Bioethik zu beteiligen. Sie beleuchteten die ‚Gendiagnostik' in ihren verschiedenen fachwissenschaftlichen, ethischen und rechtlichen Facetten und verfassten am Ende ein Votum zu den Chancen und Risiken dieser Technologie (siehe Kapitel III). Die ‚Bürgerkonferenz: *Streitfall Gendiagnostik*' orientierte sich methodisch an den Konsensuskonferenzen des *Danish Board of Technology* (vgl. den Beitrag von S. Joss) und stellt ein Verfahren der partizipativen Technikfolgenabschätzung dar (vgl. den Beitrag von L. Hennen).

Im Folgenden sollen die wichtigsten methodischen Etappen der Bürgerkonferenz und die gewonnenen Erfahrungen vorgestellt und diskutiert werden.

2.1 Kurze Beschreibung des Ablaufs

Die Bürgerkonferenz beruhte auf folgenden zeitlichen Etappen:
- Bis zum Herbst 2000 sagten der Stifterverband für die Deutsche Wissenschaft und das Bundesministerium für Bildung und Forschung die Förderung des Projektes zu.
- Im Januar 2001 erfolgte die Berufung des wissenschaftlichen Projektbeirats.
- Im Februar 2001 wurde die Auswahl des Moderators aus den vorliegenden Bewerbungen vorgenommen.
- Von März bis Juni 2001 wurden 10.000 zufällig ausgewählte Adressen bundesweit organisiert, die Einladungen verschickt, die Rückantworten sortiert und die Auslosung der Teilnehmer durchgeführt.

- Von Juni 2001 bis September 2001 fanden umfangreiche Recherchen zu den in Frage kommenden Sachverständigen und entsprechende Voranfragen statt.
- Im September 2001 und Oktober 2001 wurden zwei Vorbereitungswochenenden mit der Bürgergruppe durchgeführt.
- Im November 2001 fand die viertägige, teilweise öffentliche Abschlusskonferenz statt.
- Im Dezember 2001 wurde das Bürgervotum an einschlägige Experten, Politiker und Medienvertreter versendet.

Funktion des Beirats

Der unabhängige wissenschaftliche Beirat hatte die Aufgabe, die Organisatoren bei der Klärung wichtiger methodischer und inhaltlicher Fragen zu unterstützen, um so einen transparenten und ergebnisoffenen Ablauf des Verfahrens zu gewährleisten. Ihm gehörten an: Prof. Dr. Marcus Düwell (*Faculty of Philosophy, University of Utrecht*), Prof. Dr. Jörg Epplen (*Abteilung für Humangenetik an der Ruhr-Universität Bochum*), Dr. Leonard Hennen (*Büro für Technikfolgen-Abschätzung beim Deutschen Bundestag, Berlin*), Dr. Simon Joss (*Center for the Study of Democracy, University of Westminster*) und Prof. Dr. Dietmar Mieth (*Katholische Fakultät der Universität Tübingen*). Während der insgesamt vier Treffen ließ sich der Beirat über den Stand der Arbeiten unterrichten und diskutierte die wichtigsten nächsten Schritte mit den Organisatoren. Das letzte Treffen diente der Auswertung des Verfahrens.

Wahl des Moderators

Da dem Moderator eine zentrale Rolle in dem Verfahren zukommt, stellt dessen Auswahl eine wichtige Aufgabe zu Beginn des Verfahrens dar. Der Moderator soll die Bürgergruppe in ihren Diskussionen didaktisch-methodisch unterstützen sowie eine faire und offene Diskussion untereinander aber auch zwischen der Gruppe und den Sachverständigen (als Experten) während der Abschlusskonferenz ermöglichen. Aus dem Kreis der Bewerber wurde Reinhard Sellnow (Nürnberg) ausgewählt, da er im Bereich der Moderation von Bürgerbeteiligungsverfahren qualifizierte Kenntnisse und Erfahrungen vorweisen kann.

Zusammenstellung der Bürgergruppe

Erfahrungen vorangegangener Bürgerkonferenzen in London (*Science Museum*), Bern (*Publiforen*) und Kopenhagen (*Danish Board of Technology*)

Ablauf und Methode 59

machten deutlich, dass die Auswahl der Teilnehmer einer Konsensuskonferenz nach transparenten und nachvollziehbaren Kriterien erfolgen sollte. Daher wurden die Bürgerinnen und Bürger nach einem dafür entwickelten Zufallsverfahren ausgewählt. Hierzu wurden aus allen 16 Bundesländern die Einwohnermeldeämter der Landeshauptstädte und je einer weiteren Gemeinde mit maximal 10.000 Einwohnern um die Freigabe von jeweils 250 Adressen gebeten. Hinzu kamen aus den acht bevölkerungsstärksten Bundesländern weitere 250 Adressen einer mittelgroßen Stadt mit 50.000 bis 100.000 Einwohnern. Einzelne Gemeinden verlangten allerdings so hohe Kosten für die Adressen, dass auf diese Daten verzichtet werden musste. Aus diesem Grunde konnten aus dem Bundesland Hessen nur Adressen einer kleinen Gemeinde eingeholt werden.

Insgesamt erhielten 10.000 Personen in 40 Gemeinden des gesamten Bundesgebietes ein Schreiben aus dem Deutschen Hygiene-Museum. Es bewarben sich 255 Personen für die ehrenamtliche Teilnahme[1] an der Bürgerkonferenz. Eine soziologische Auswertung der Rückmeldung ergab, dass die Verteilung von Männer und Frauen, Altersklassen und Berufsgruppen ungefähr dem bundesdeutschen Durchschnitt entsprach (vgl. den Beitrag von R. Zimmer). Aus den Rückmeldungen losten zwei Besucher des Deutschen Hygiene-Museums schließlich die endgültigen Teilnehmerinnen und Teilnehmer aus. Zuvor wurden sämtliche Rückmeldungen nach formalen Kriterien wie Geschlecht, Altersgruppe (unter 30 Jahre, zwischen 31 und 60 Jahren und über 60 Jahren) sowie Berufsgruppen (Schüler/Student, berufstätig, derzeit beschäftigungslos, Rentner) vorsortiert, um bei der Auslosung eine heterogene und ausgewogene Zusammensetzung der Gruppe zu erhalten. Es wurden insgesamt 20 Personen ausgewählt, von denen schließlich zehn Frauen und neun Männer aus ganz Deutschland im Alter von 17 bis 75 Jahren teilnahmen (vgl. die Zusammenstellung der Bürgergruppe im Anhang).

Auswahl der Sachverständigen

Durch Recherchen und mit Unterstützung des wissenschaftlichen Beirats wurde eine Vorschlagsliste möglicher Sachverständiger erstellt. Über 50 Sachverständige aus der Humangenetik, der Gynäkologie, der Philosophie und der Ethik, dem Recht, dem Versicherungswesen, der Arbeitsmedizin, den Behinderten- und Angehörigen-Verbänden und den Beratungsstellen zur Pränataldiagnostik wurden angefragt, ob sie der Bürgergruppe während der Abschlusskonferenz für die Beantwortung von Fragen und für die weitere Diskussion zur Verfügung stehen. Ausschlaggebend war dabei nicht nur die inhaltliche Kompetenz der Sachverständigen, sondern auch – soweit dies im

---

1 Den Teilnehmern wurden Reise-, Verpflegungs- und Übernachtungskosten erstattet, jedoch keine Aufwandsentschädigung gezahlt.

Vorfeld zu beurteilen ist – ihre Fähigkeit, sich für Laien verständlich auszudrücken. Zudem wurde bei der Auswahl auf eine ausgewogene Mischung von Positionen im Hinblick auf die ethische, rechtliche und soziale Bewertung der verschiedenen Anwendungsbereiche der Gendiagnostik geachtet. Hierbei kam der unabhängigen Beratung durch den wissenschaftlichen Beirat eine entscheidende Bedeutung zu. Die Bereitschaft der Sachverständigen, sich der Bürgergruppe bei der Abschlussveranstaltung (ohne besondere Vergütung) zur Verfügung zu stellen, war erfreulicherweise sehr groß. Ein von den Sachverständigen ausgefüllter einseitiger Fragebogen sollte der Bürgergruppe bei der Auswahl helfen, indem sie ein Minimum an Hintergrundinformation erhielten. Die eigentliche Festlegung, welche Experten gehört werden sollen, traf die Bürgergruppe auf dem zweiten Vorbereitungswochenende (s.u.).

Umfang der Öffentlichkeitsarbeit

Die Öffentlichkeitsarbeit ist für die nachhaltige Wirkung derartiger Verfahren im gesamtgesellschaftlichen Diskussionsprozess von zentraler Bedeutung. Nur durch die ausreichende Wahrnehmung des Vorhabens bei politischen Entscheidungsgremien und in der Öffentlichkeit kann dieses Instrument der Politikberatung und der Ergänzung des Expertendiskurses überhaupt zur Geltung kommen.

Zielgruppen für die Öffentlichkeitsarbeit waren die Presse, wissenschaftliche Institutionen, Parteien, Bundestag, Bundesregierung, parteinahe Stiftungen, Betroffenen-Verbände und interessierte Laien.

Für die gesamte Laufzeit des Vorhabens wurden entsprechende Aktivitäten durchgeführt:

- Erstellung eines einheitlichen Erscheinungsbildes
- Aufbau einer umfangreichen Internetpräsentation (www.buergerkonferenz.de)
- Anfertigung von Informationsmaterial (z.B. Newsletter in zwei Ausgaben, Projektskizze und Einladung für die Abschlusskonferenz)
- Vorstellung des Vorhabens auf einer Wissenschaftspressekonferenz (März 2001 in Berlin) sowie in verschiedenen Pressegesprächen; Herausgabe verschiedener Pressemitteilungen.

Darüber hinaus haben die Organisatoren einschlägige politische und wissenschaftliche Gremien über dieses Vorhaben persönlich informiert.

Um Vertreter von Betroffenen-Verbänden, Nicht-Regierungs-Organisationen und der Kirchen über das Vorhaben zu informieren, führten die Veranstalter im Mai 2001 eine halbtägige Informationsveranstaltung und Diskussionsrunde im Deutschen Hygiene-Museum durch, bei der Inhalt und Methode mit den Vertretern diskutiert wurden. Alle interessierten Verbände wurden gebeten, eine Stellungnahme zur Gendiagnostik aus ihrer Sicht der Bürgergruppe zur Verfügung zu stellen. Mit diesen Stellungnahmen konnte am ersten Vorbereitungswochenende der von der Bürgergruppe geäußerte Bedarf an Information zu Positionen und Bewertungen verschiedener Gruppen gedeckt werden.

Das erste Vorbereitungstreffen

Ende September 2001 traf sich die Bürgergruppe zum ersten Mal im Deutschen Hygiene-Museum für ein Wochenende (Freitagabend bis Sonntagnachmittag). Dabei stand zunächst das Kennenlernen untereinander im Mittelpunkt. Auf ein entsprechendes gemeinschaftliches Programm wurde trotz des engen Zeitrahmens Wert gelegt.

Während des Vorbereitungswochenendes gaben die Organisatoren eine Einführung in die Methodik und die Zielsetzung des Vorhabens. Eine erste Auseinandersetzung mit dem Themenfeld Gendiagnostik begleitete im Anschluss ein Wissenschaftsjournalist. Aus Sicht der Organisatoren war es wichtig, dass die Gruppe einen Überblick in das komplizierte Thema in einer allgemein verständlichen Sprache und mit der Möglichkeit für Rückfragen erhielt.

Die Bürgergruppe legte bereits während dieses Treffens eine grobe Struktur für die weitere thematische Auseinandersetzung fest. Sie bestimmte die ihrer Meinung nach wichtigsten Anwendungsbereiche: die pränatale Gendiagnostik, die Präimplantationsdiagnostik sowie Gentests für die Gesundheitsvorsorge. Eine weitere Eingrenzung des Themas Gendiagnostik erwies sich dabei als ein sehr langwieriger und schwieriger Entscheidungsprozess. Die Beschränkung erschien jedoch im Interesse der Konkretisierung von Aussagen im Votum notwendig.

Die Bürgergruppe legte weiterhin fest, aus welchen Bereichen sie Sachverständige hören möchte und ergänzte die von den Organisatoren getroffene Vorauswahl an Disziplinen.

Zudem musste sich die Gruppe über verschiedene prozessbestimmende Aspekte verständigen: hierzu gehörte der Umgang mit der Presse und die Form der Abstimmungsmodi.

Das zweite Vorbereitungswochenende

Beim zweiten Treffen der Bürgergruppe Ende Oktober 2001 musste sich die Gruppe endgültig entscheiden, ob sie das am ersten Wochenende festgelegte, immer noch sehr breit angelegte Themenspektrum weiter bearbeiten wollte. Die Teilnehmer entschieden, die drei Schwerpunktthemen jeweils in festen Arbeitsgruppen zu behandeln, wobei im Plenum alle Gruppenergebnisse vorgestellt und durch die restlichen Teilnehmer ergänzt oder korrigiert werden konnten.

Die Gruppe einigte sich darauf, dass in allen Bereichen Aspekte der Ethik, des Rechts und der Beratung von der Gendiagnostik Betroffener thematisiert werden sollten. Bei den Gentests für die Gesundheitsvorsorge war den Bürgerinnen und Bürgern besonders der Datenschutz und die Rolle der Krankenversicherungen wichtig.

Die Gruppe äußerte zudem den Wunsch nach einer intensiven Auseinandersetzung mit Fragen des Menschenbildes und der Ethik. Obwohl die Organisatoren und auch einige Teilnehmer befürchteten, dass dadurch die eigentliche Auseinandersetzung mit der Gendiagnostik zeitlich zu kurz käme, erbrachte diese Diskussion im Fortgang des Verfahrens wichtige Ergebnisse, die sich in der Präambel des Bürgervotums widerspiegeln.

Um die Diskussion mit den Sachverständigen vorzubereiten, erarbeiteten die Teilnehmer ca. 30 Fragen. Der daraus entstandene Katalog besaß verschiedene Funktionen: Zum einen wurden inhaltliche Schwerpunkte zur Gestaltung der Diskussion mit den Sachverständigen gesetzt, zum anderen halfen diese Fragen, die Experten-Laien-Kommunikation des Abschlusswochenendes zu strukturieren.

Schließlich wählte die Bürgergruppe entsprechend der von ihnen verfassten Fragen einzelne Sachverständige aus. Hierzu zählten Vertreter von Betroffenen-Verbänden, Behinderte, die aus ihrer persönlichen Erfahrung berichten können, eine Theologin, ein Jurist, eine Hebamme, eine Expertin für psychologische Probleme bei der genetischen Beratung, ein Humangenetiker, ein Krankenversicherungsvertreter, mehrere Ethiker und Philosophen (siehe die Liste der geladenen Sachverständigen im Anhang).

Die Abschlusskonferenz

Während der Abschlussveranstaltung vom 23. bis 26. November 2001 fand eine zweitägige, öffentliche Anhörung und Diskussion der Bürgergruppe mit den siebzehn geladenen Sachverständigen statt. Zwei Sachverständige, die durch äußere Umstände nicht anreisen konnten, wurden per Telefon zugeschaltet. Die Anhörung der Sachverständigen sah zunächst eine kurze Antwort auf die von den Bürgern formulierten Fragen vor. Die meisten Sachverständigen konnten ihre Argumente in verständlicher Form und Sprache vermitteln, einige lasen jedoch ihr vorbereitetes, z.T. schwer verständliches Manuskript ab, was den unmittelbaren Dialog mit der Bürgergruppe erschwerte. Während der anschließenden Diskussion hat sich gezeigt, dass die Bürger nicht nur ihre Alltagssicht thematisierten, sondern in der Lage waren, auf ‚Augenhöhe' mit den Sachverständigen zu diskutieren.

Am nächsten Tag verfasste die Bürgergruppe eigenständig bis spät in die Nacht das mehrseitige Bürgervotum (siehe Kapitel III). Dabei wurde abwechselnd in Arbeitsgruppen Bewertungsaussagen formuliert und anschließend dem Plenum vorgestellt, wo sie dann korrigiert bzw. ergänzt wurden.

Ablauf und Methode 63

Eine Formulierung wurde nur dann in das Votum aufgenommen, wenn alle Bürger hinter den einzelnen Aussagen standen. Damit spiegelt das abschließende Votum tatsächlich die Meinungen aller Bürger zu allen angesprochenen Aspekten wider und nicht nur die Sicht einzelner Meinungsallianzen. Alle Abschnitte mussten abschließend durch das Plenum bestätigt werden. Dieser langwierige und stellenweise sehr anstrengende Prozess wurde ständig durch den Moderator strukturiert und angeleitet.

Das Votum enthält eine Präambel und je eine Stellungnahme zu Gentests bei der Gesundheitsvorsorge, der Präimplantationsdiagnostik und der Pränatalen Diagnostik.

Das Bürgervotum wurde schließlich am darauffolgenden Morgen der Öffentlichkeit, der anwesenden Presse und den folgenden geladenen Podiumsgästen vorgestellt: Wolf-Michael Catenhusen, Parlamentarischer Staatssekretär im *Bundesministerium für Bildung und Forschung*, Ulrike Flach, Vorsitzende des *Bundestagsausschusses für Bildung, Forschung und Technikfolgen-Abschätzung*, Hubert Hüppe, stellvertretender Vorsitzender der Enquete-Kommission *Recht und Ethik der modernen Medizin* im Bundestag, Prof. Dr. Regine Kollek, stellvertretende Vorsitzende des *Nationalen Ethikrats*, und Dr. Ekkehard Winter, Mitglied der Geschäftsleitung im *Stifterverband für die Deutsche Wissenschaft*.

Die Evaluierung des Vorhabens durch das *Fraunhofer Institut für Systemtechnik und Innovationsforschung* (siehe den Beitrag von R. Zimmer) bescheinigt den beteiligten Akteuren des Vorhabens am Deutschen Hygiene-Museum, dass die Erprobung einer bundesweiten Konsensuskonferenz in Deutschland erfolgreich verlaufen ist.

Das anwesende Publikum konnte sich an der abschließenden Diskussion zu dem Inhalt des Votums und der Relevanz der Stellungnahme in der Politik und Wissenschaft beteiligen.

2.2 Erfahrungen der Organisatoren bei der Durchführung

Auch wenn auf internationale Erfahrungen zu Konsensuskonferenzen und auf die hierzulande vorliegenden Erkenntnisse zur Bürgerbeteiligung bzw. partizipativen Technikfolgenabschätzung zurückgegriffen werden kann, können die speziellen Erfahrungen des Dresdner Modellprojekts für die Weiterentwicklung dieser Methode in Deutschland hilfreich sein.

Themenauswahl

Die Laienbeteiligung bei der Technikfolgenabschätzung findet unter anderem ihre Begründung in der gesellschaftlichen Strittigkeit der zu diskutierenden Technik (vgl. dazu den Beitrag von L. Hennen). Daher stellt die Themenauswahl einen wesentlichen Punkt bei der Planung und späteren Durchführung solcher Verfahren dar. Das Thema muss politische und wissenschaftliche Aktualität besitzen, um als Beitrag zum politischen Diskurs Bestand zu haben. Es muss darüber hinaus bereits eine kontroverse Debatte bestehen, also die Problematik präsent sein.

Bei den durchaus langen Planungs- und Beantragungszeiträumen für solche Verfahren muss bedacht werden, dass die Relevanz des ursprünglich gewählten Themas durch politische oder wissenschaftliche Veränderungen während der Planungsphase abnehmen kann. Ein angemessener Spielraum bei der Themensetzung, welche durch die Organisatoren oder ein beratendes Gremium vorgenommen werden sollte, erscheint daher als sinnvoll. Eine zu weitgefassten Themenstellung an die Bürgergruppe erfordert eine zeitaufwendige Verständigung über Eingrenzungen in der Gruppe.

Bei der Gendiagnostik hat sich gezeigt, dass sich diese Technik in den letzen Jahren stark ausdifferenziert hat und in sehr unterschiedlichen Anwendungsfeldern eingesetzt wird. Es bereitete daher bei dem Dresdner Vorhaben nicht unerhebliche Schwierigkeiten, das Thema durch die Bürgergruppe überschaubar einzugrenzen.

Auswahl der Bürger

Für die Bürgerauswahl gibt es keine allgemein anwendbare Regel. In den verschiedenen international durchgeführten Verfahren erfolgte die Auswahl der Teilnehmer durch Zeitungsannoncen und Selbstbewerbung oder auch durch Zufallsauswahl aus dem nationalen Melderegister. Es ist offensichtlich, dass mit einer etwa zwanzigköpfigen Gruppe keine Repräsentativität einer Gesellschaft erreicht werden kann. Bei der Bürgerauswahl sollte daher darauf geachtet werden, dass die Teilnehmer heterogene Lebenserfahrungen und unterschiedliche Wertvorstellungen mitbringen. Im Dresdner Modell wurden die Teilnehmer darüber hinaus bundesweit ausgewählt. Daher ist bei der Auswahl der Bürger wichtig, auf formale reproduzierbare Kriterien zu achten, wie Geschlechterparität, Repräsentation verschiedener Altersgruppen und unterschiedliche Ausbildungs- und Berufsgrade. Es gibt jedoch auch hier keinen methodisch festgelegten Modus, nach welchen Verteilungsmustern die Zusammensetzung erfolgen muss.

Bei der Bürgerkonferenz im Deutschen Hygiene-Museum wurden gezielte Vorsortierung und Zufallsauswahl kombiniert. So entstand eine sehr heterogene Gruppe, deren jüngstes Mitglied eine 17-jährige türkisch-stämmige Schülerin und deren ältester Vertreter ein 74-jähriger Rentner war. Eine Auswahl der Bürger durch die Organisatoren aufgrund von Bewerbungsschreiben, wie es zum Teil in Dänemark und der Schweiz praktiziert wird, erfolgte bei dem Dresdner Projekt nicht, da hier die Gefahr einer unbewussten Lenkung gesehen wurde.

Rolle des Moderators

15 bis 20 Personen, die sich untereinander nicht kennen, können in einer Gruppe nur schwer von Anfang an effizient und harmonisch miteinander arbeiten. Die Funktion des Moderators für einen ausgewogenen Kommunikationsprozess ist daher von zentraler Bedeutung. Er muss allparteilich sein, d.h. er sollte dafür sorgen, dass alle Personen trotz unterschiedlicher Redegewandtheit und persönlichen Muts ihre Meinung in der Gruppe äußern können. Er muss über methodische Kenntnisse zur Steuerung der Gruppenkommunikation verfügen. Inhaltliches Wissen über das gewählte Thema ist nützlich, dabei kann aber die Gefahr der Einflussnahme auf den Meinungsbildungsprozess mit sich bringen. Bei der Arbeit eines Moderatorenteams könnten sich die verschiedenen Kompetenzen jedoch ergänzen und die Gefahr der Beeinflussung würde verringert werden. Es hat sich auch schon in der Vergangenheit (z.B. in Großbritannien[2]) gezeigt, dass die Bürgergruppe Manipulierungsmöglichkeiten und -versuche sehr schnell erkennt und sich dagegen wehrt.

Dialog mit den Sachverständigen

Die Diskussion mit den Sachverständigen[3] spielt im Meinungsbildungsprozess der Bürgergruppe eine wesentliche Rolle. Die Zusammensetzung der Sachverständigengruppe ist deshalb sehr bedeutsam. Daher nahmen die teilnehmenden Bürger während des zweiten Vorbereitungswochenendes die endgültige Auswahl der Sachverständigen selbst vor. Auf eine Vorauswahl durch die Organisatoren konnte jedoch aus zeitlichen und inhaltlichen Gründen nicht gänzlich verzichtet werden. Die Bürgergruppe wählte bei der Nominierung der Sachverständigen aus der Vorschlagsliste in der Tendenz mehr kritische Positionen zur Gendiagnostik als befürwortende aus. Für Beobachter und Zuschauer der Diskussion erscheint es eher wünschenswert, besonders kontroverse Positionen zu hören. Aus Sicht der Bürgergruppe muss dies jedoch nicht der wichtigste Aspekt bei der Auswahl sein. Vielmehr war von Bedeutung, sachlich richtige und bedeutsame Fakten zu erfahren, Widersprüche zu gelesenen Positionen zu diskutieren und Stimmen zu hören, die bislang als eher unterrepräsentiert empfunden worden waren.

Der öffentlichen Befragung der Sachverständigen kommt bei dem Verfahren eine wichtige Rolle zu. Sie dient der Wissensvertiefung und der Auf-

---

2   Vgl. Joss 2000 zur britischen Konsensuskonferenz, bei der die Bürgergruppe den Moderator aus dem Verfahren ausgeschlossen hat, weil sie ihn als zu lenkend empfunden hat.
3   Die Fragen an die Sachverständigen und ihre schriftlich verfassten Antworten sind im Internet unter www.buergerkonferenz.de erhältlich.

klärung von Missverständnissen und Widersprüchen. Der Dialog mit den Sachverständigen ist dabei kein offener (im Sinne eines zufällig verlaufenden Diskurses), sondern ein stark strukturierter Prozess.

Die Anhörung und Diskussion während der Abschlusskonferenz war nach Aussage der Bürger für ihren Meinungsbildungsprozess wesentlich. Hier kann die in der Vorbereitungsphase praktizierte Wissensaneignung durch weitere Informationen ergänzt werden und die befragten Wissenschaftler bekommen als Personen ein ‚Gesicht'.

Bei der Planung der Anhörung muss der begrenzte Zeitrahmen für die Befragung und die Fülle des Stoffs bedacht werden. Es ist wünschenswert, dass die Sachverständigen für die gesamte Zeit der zweitägigen Anhörung zur Verfügung stehen, damit vertiefende Diskussionen auch mit mehreren Sachverständigen parallel geführt werden könnten.

Das Votum – selbstständige Arbeit der Bürgergruppe

Die Leistung der Bürgergruppe, wesentliche Aspekte der Gendiagnostik in einem Votum zu bewerten, ist angesichts der zur Verfügung stehenden Zeit (ein Tag bis spät in Nacht hinein) beachtlich und hat auch die Organisatoren im Hinblick auf die differenzierten Ausformulierungen sehr beeindruckt. Die von der Gruppe erarbeiteten Positionen zu den drei verschiedenen Anwendungen der Gendiagnostik sind von den Erfahrungen und Lebensumständen der Bürger stark beeinflusst. Hierin liegt die Besonderheit von Prozess und Ergebnis. Häufig wird gemutmaßt, dass eine Gruppe dieser Größe und mit dem fehlenden Fachhintergrund nicht in der Lage sei, Aussagen, wie sie im Dresdner Modellprojekt als Ergebnis vorliegen, zu formulieren. Weder der Moderator noch die Organisatoren oder sonstige professionelle Hilfe (z.B. eines Journalisten) waren nötig, um die einzelnen Aussagen zu formulieren. Organisatoren und Moderator gaben im Vorfeld lediglich grobe Vorschläge zur allgemeinen Gliederung und stellten Textbeispiele aus anderen Bürgerbeteiligungsverfahren (des schweizerischen *Publiforums* zur Transplantationsmedizin und der österreichischen Konsensuskonferenz zu Ozon) vor.

Öffentlichkeitsarbeit und Zusammenarbeit mit Institutionen

Das Vorhaben zeigt, dass eine kontinuierliche Öffentlichkeitsarbeit notwendig ist, um das Anliegen und den thematischen Zusammenhang des Vorhabens möglichst vielen Menschen zu vermitteln. Schwierig ist dabei, dass die Bürgergruppe über weite Zeiträume keine ‚Neuigkeiten' generiert, sondern möglichst ungestört an dem Thema arbeiten will.

Interessant war auch der Umgang der Bürger mit den Medien: Sie stellte fest, dass Anwesenheit und Interesse der Medien für den Erfolg der Bürgerkonferenz ebenso wichtig ist wie ein schlüssiges Votum. Einige Bürger sahen darin allerdings auch eine Gefahr für die offene Kommunikation innerhalb der Bürgergruppe. Daher einigte sich die Gruppe auf eine zeitliche Beschränkung der Anwesenheit der Medien. In Interviews gegenüber der Presse sollte ausschließlich über die individuelle Motivation und das Vorhaben gesprochen werden. Eine öffentliche Positionierung des Einzelnen zur Gendiagnostik vor dem Abschluss der Bürgerkonferenz wurde von der Gruppe als unerwünscht gesehen, da hierdurch ein ergebnisoffener Meinungsaustausch behindert würde.

Neben der unmittelbaren Medienresonanz auf das Projekt ist die mittelfristige Wirkung auf die Politik und die verschiedenen Gremien wichtig. Diese Resonanz kann erst nach einem längeren Zeitraum abgeschätzt werden. Erfahrungen aus Dänemark zeigen, dass der Einfluss von Bürgervoten auf die Politik nur sehr selten direkt stattfindet (beispielsweise das in die dortige Gesetzesvorlage eingeflossene, dänische Bürgervotum zur Humangenetik), sondern oft indirekt erfolgt. Die Stellungnahme der Bürger bleibt dabei teilweise unerwähnt und nur ‚Insider' können den Einfluss durch auffällige Parallelen bei der Formulierung verfolgen und die Wirksamkeit im politischen Diskurs bewerten.

In Dänemark sind Konsensuskonferenzen ein etabliertes Instrument der Politikberatung. Dort ist der bestmögliche Adressat eines solchen Verfahrens mit dem Parlament gegeben. In Deutschland ist die Einbeziehung von qualifizierten Laienmeinungen in die politische Diskussion eher noch selten. Gerade deshalb ist es für ein Modellprojekt wichtig, eine breite Öffentlichkeitsarbeit durchzuführen, die Ziel, Intention und Rahmenbedingungen des Verfahrens vermittelt und Unterschiede zu anderen Methoden herausstellt. Das ist eine wichtige Voraussetzung, damit Entscheidungsträger das Bürgervotum ernst nehmen und die Konsequenzen diskutieren.

Die Präsentation des Projektes vor verschiedenen, mit dem Thema und dem Verfahren befassten Institutionen erhöhte nicht nur den Bekanntheitsgrad des Vorhabens, sondern vertiefte auch die Diskussion und Reflexion kritischer Punkte eines solchen Prozesses.

Inwieweit das Votum der Bürgergruppe auch bei den Adressaten inhaltlich diskutiert wird, kann zum jetzigen Zeitpunkt jedoch noch nicht abschließend beurteilt werden. Der Abschlussbericht der Enquete-Kommission *Recht und Ethik der modernen Medizin* (2002: 66, 182 und 207) hat die Bürgerkonferenz als ein Beispiel für die Beteiligung von Laien am öffentlichen Dialog zur Bioethik hervorgehoben.

2.3 Fazit: Die Notwendigkeit einer reflektierten Rolle der Organisatoren

Die Organisatoren nehmen an vielen Stellen des Verfahrens Einfluss, dies lässt sich weder vermeiden noch verschweigen. Dennoch wurde im Dresdner Verfahren durch verschiedene Schritte dieser Einfluss minimiert und – wo immer er erforderlich war – auch transparent gestaltet. Im Wesentlichen kann dieser Einfluss durch die Auswahl (a) der Bürger (b) der Information und (c) der Sachverständigen erfolgen. Die Organisatoren waren sich ihrer oft heiklen Rolle bewusst. Deshalb wurde zum einen der unabhängige wissenschaftliche Beirat bei allen wesentlichen Entscheidungen zu Rate gezogen und zum anderen eine übergreifende Evaluation durch externe Beobachter durchgeführt. Die Auswahl der Bürger wurde nach aufwendigen, aber transparenten und formalen Kriterien ausgeführt. Die Informationen, die die Bürger erhielten (Einführungstexte, Zeitungsartikel), wurden nach Ausgewogenheit und mit Hilfe des Beirats ausgewählt. Alle Bürger erhielten auf eigenen Wunsch weitere Materialien. Zudem informierten sich die Bürger während des mehrmonatigen Prozesses durch Zeitungen, Bücher und Internet selbst. Bei der Sachverständigenvorauswahl durch die Organisatoren wurde ebenfalls auf Ausgewogenheit der verschiedenen Positionen geachtet. Die vergleichsweise große Anzahl an geladenen Sachverständigen gewährleistete ein breites Spektrum an Positionen, wobei auch Wünsche der Bürgergruppe berücksichtigt wurden.

Der als eng empfundene Zeitrahmen der Konsensuskonferenz war Anlass für Kritik und ist daher zu überdenken. Für eine erstmalige Anwendung dieser Methode im Bereich der Bioethik in Deutschland erschien es allerdings sinnvoll, sich weitgehend an die international erprobten Schritte und Ablaufstrukturen zu halten, um einen Vergleich und eine Kontrolle der Methodik zu garantieren.

Die Organisatoren schätzen das Dresdner Verfahren als einen erfolgreichen Schritt auf dem Weg zu neuen Methoden der öffentlichen Beteiligung an der Technikfolgenbewertung ein. Nicht nur das Ergebnis der ‚Bürgerkonferenz: Streitfall Gendiagnostik' sollte Eingang in die politische Diskussion finden, sondern auch diese Methode der partizipativen Technikfolgenabschätzung sollte als wichtige Ergänzung in der öffentliche Auseinandersetzung zu den Chancen und Risiken moderner Technologien weiter verfolgt werden.

Literatur

Enquete-Kommission Recht und Ethik der modernen Medizin (2002): *Abschlussbericht.* Bundestagsdrucksache 14/9020.

Joss, Simon (2000): *Die Konsensuskonferenz in Theorie und Anwendung.* Leitfaden, Stuttgart: Akademie für Technikfolgen-Abschätzung in Baden-Württemberg.

Zimmer, René (2002): *Begleitende Evaluation der Bürgerkonferenz „Streitfall Gendiagnostik".* Evaluationsbericht, Karlsruhe: Fraunhofer Institut für Systemtechnik und Innovationsforschung.

René Zimmer

3. Phasen des Meinungsbildungsprozesses – Ergebnisse der begleitenden Evaluation

Gegenstand der begleitenden Evaluation war es, den Prozess der Bürgerkonferenz sowie seine Wirkungen zu analysieren und an den Zielen zu messen, die sich die Organisatoren gestellt hatten. Dazu wurde die Bürgerkonferenz sozialwissenschaftlich mit einem breiten Methodenspektrum begleitet, das unter anderem aus schriftlichen Befragungen, persönlichen und telefonischen Interviews, teilnehmender Beobachtung und Inhaltsanalyse von Dokumenten und Presseartikeln bestand. Persönliche Interviews wurden während der Vorbereitungswochenenden und des Konferenzwochenendes mit mehreren Personen des Organisationsteams und der Bürgergruppe sowie dem Moderator der Bürgerkonferenz und am Konferenzwochenende mit verschiedenen an der Bürgerkonferenz teilnehmenden Expertinnen und Experten geführt.

An dieser Stelle sollen in erster Linie die verschiedenen Kommunikationsprozesse beleuchtet werden, die während der Bürgerkonferenz abliefen. Dabei interessieren folgende Punkte:

1) Abbau von Informationsdefiziten in der Bürgergruppe
2) Initiierung eines öffentlichen Meinungsbildungsprozesses
3) Dialog zwischen Bürgergruppe und Experten
4) Die Einschätzung des Bürgervotums

3.1 Abbau von Informationsdefiziten in der Bürgergruppe

Sowohl aus den Gesprächen als auch aus den Ergebnissen der schriftlichen Befragung geht hervor, dass der Wissensstand der 19 Bürgerinnen und Bürger zu Fragen der Gendiagnostik im Verlauf der Bürgerkonferenz enorm zunahm. Die Bürger sammelten nicht nur während der Wochenenden in Dresden Informationen, sondern bildeten sich auch in der übrigen Zeit intensiv weiter. Speziell der Vergleich des Wissensstandes vor und nach der Bürgerkonferenz zeigt deutlich die positiven Effekte. Vor der Bürgerkonferenz schätzten nur ca. 16% der Bürgerinnen und Bürger ihr Wissen zu Gendiagnostik als hoch ein. Alle anderen hielten ihren Wissensstand für durchschnittlich oder eher niedrig. Nach der Bürgerkonferenz waren es fast zwei Drittel der Bürgergruppe, die ihren Wissensstand zur Gendiagnostik hoch einschätzten (siehe Schaubild 1).

Doch nicht nur in diesem Vorher-Nachher-Vergleich zeigt sich die erfolgreiche Wissensvermittlung. Auch aus dem Vergleich mit einer Gruppe aus Bürgern, die gern an der Bürgerkonferenz teilgenommen hätten, aber nicht ausgewählt worden waren (Vergleichsgruppe), wird die Intensität der Wissensaneignung in der Bürgergruppe deutlich. Vor der Bürgerkonferenz gab es im Wissensstand zur Gendiagnostik keinen Unterschied zwischen Bürgergruppe und Vergleichsgruppe. Die Bürgergruppe schätzte ihr Wissen eher noch etwas schlechter ein. Die Befragung nach der Bürgerkonferenz zeigt, dass sich bei den Personen der Vergleichsgruppe der Wissensstand zur Gendiagnostik nicht veränderte, während er sich, wie bereits erwähnt, bei der Bürgergruppe deutlich erhöhte.

Schaubild 1: Selbsteinschätzung des Wissensstandes zur Gendiagnostik der Bürgergruppe und der Vergleichsgruppe vor bzw. nach der Bürgerkonferenz (BK)

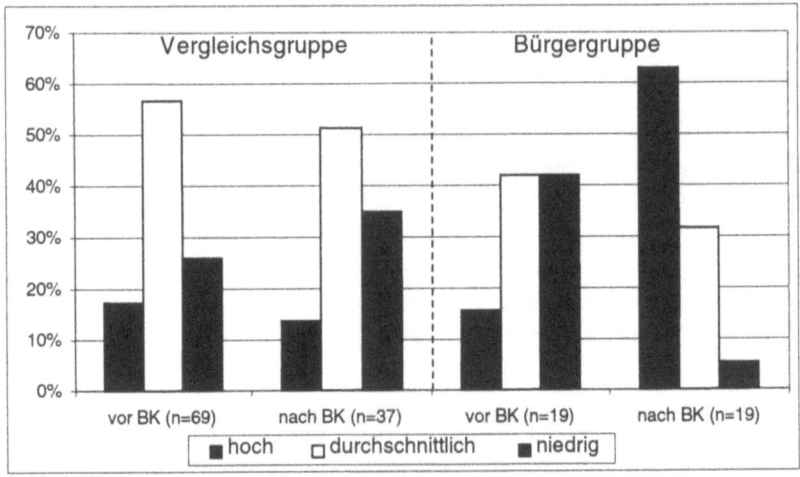

Auch in den Teilgebieten der Gendiagnostik, der Präimplantationsdiagnostik (PID), der Pränataldiagnostik (PND) und der prädiktiven Diagnostik lassen sich die Effekte der Wissensaneignung sehr gut zeigen. Bei der PID stieg der Anteil der Personen aus der Bürgergruppe, die ihren Wissensstand als hoch einschätzten von 53% auf 89%, bei der PND von 58% auf 94% und bei der prädiktiven Diagnostik sogar von 0% auf 88%. Wiederum gab es vor der Bürgerkonferenz keine Unterschiede im Wissensstand zwischen Bürger- und

Vergleichsgruppe. Und wiederum kam es dagegen bei den Bürgern der Vergleichsgruppe zwischen der ersten und der zweiten Befragung zu keinerlei Veränderungen im Wissensstand.

3.2 Initiierung eines öffentlichen Meinungsbildungsprozesses

Öffentliche Meinungsbildung soll hier als Prozess verstanden werden, der sich auf mehreren Ebenen abspielt:

- in den Köpfen der Teilnehmer,
- in ihrem sozialen Umfeld und
- über die Medien.

Die Ergebnisse dieser Studie zeigen, dass es bei den Bürgerinnen und Bürgern zu differenzierten Meinungsbildungsprozessen gekommen ist. Diejenigen, die bereits mit einer Meinung zu Teilbereichen der Gendiagnostik zur Bürgerkonferenz gekommen waren, nutzten die Vielzahl der neuen Informationen, um ihre Argumentation zu untermauern und ihre Meinung zu festigen. Andere wiederum, die sich vor dem Verfahren noch keine klare Meinung zur Gendiagnostik gebildet hatten, beziehungsweise die sich überhaupt das erste Mal mit diesem Thema befassten, durchliefen während des Verfahrens einen Abwägungsprozess, in dem sie die Thematik in ihren verschiedenen Facetten beleuchteten.

Um die inhaltliche Ausrichtung der verschiedenen Meinungen zu erfassen, wurden den Bürgerinnen und Bürgern verschiedene Bewertungsfragen gestellt. Die Ergebnisse zeigen, dass vor der Bürgerkonferenz acht der neunzehn Bürger (42%) die Gendiagnostik befürworteten, 37% standen ihr ambivalent (im Sinne von: gleichermaßen positiv wie negativ) gegenüber und 21% gaben ein ablehnendes Urteil ab. Insgesamt überwog deutlich eine befürwortende Haltung zu dieser Technik. Nach der Bürgerkonferenz zeigte sich ein ganz anderes Bild. Jetzt befürworteten nur noch drei der neunzehn Bürger (16%) die Gendiagnostik. Die Zahl der Befürworter von Gentests hatte sich demnach mehr als halbiert. Von den ursprünglich acht Bürgern verblieben nur die drei Bürger bei ihrer aufgeschlossenen Haltung, die bereits mit fester Meinung zur Gendiagnostik zur Bürgerkonferenz gekommen waren. Die übrigen fünf, ursprünglich befürwortenden gaben nun ein ambivalentes Urteil ab oder lehnten die Gendiagnostik ganz ab. Nach der Bürgerkonferenz waren insgesamt 53% der Bürgerinnen und Bürger ambivalent und 32% ablehnend zur Gendiagnostik eingestellt. Die Zahl der Bürger, die Gendiagnostik ablehnten, überstieg damit die Zahl der Befürworter um das Doppelte.

Eine noch deutlichere Entwicklung hin zu einer ablehnenden Einstellung gab es bei der Bewertung der gendiagnostischen Teilbereiche PID (siehe Schaubild 2) und PND. So wurde etwa die PID vor der Bürgerkonferenz von 28% der Bürger befürwortet, 50% gaben ein ambivalentes Urteil ab und 22% drückten ihre Ablehnung aus. Nach der Bürgerkonferenz standen nur noch 18% der PID befürwortend gegenüber, 23% blieben bei einem ambivalenten Urteil und 59% der Bürger werteten nun ablehnend. Die Analyse zeigt, dass vor allem diejenigen, die vor der Bürgerkonferenz ein neutrales Urteil abgegeben hatten, nach der Bürgerkonferenz ablehnend werteten.

Schaubild 2: Bewertung der PID durch die Bürger der Bürgergruppe und der Vergleichsgruppe vor bzw. nach der Bürgerkonferenz (BK).

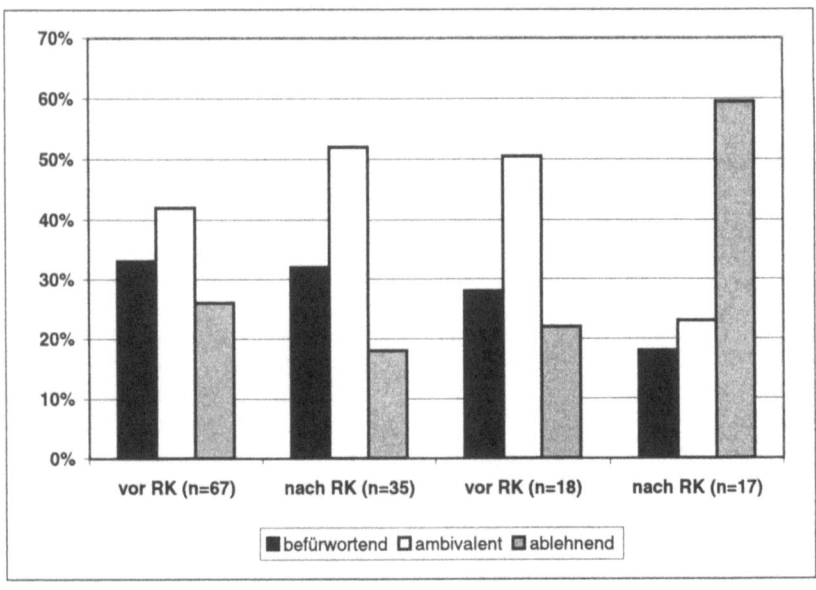

Wiederum wurden neben den Bürgern der Bürgergruppe auch die der Vergleichsgruppe nach ihrer Bewertung der Teilbereiche der Gendiagnostik gefragt. Das Beispiel PID zeigt, dass sich die Vergleichsgruppe in ihrer Wertungsstruktur vor der Bürgerkonferenz kaum von der der Bürgergruppe unterscheidet. Interessant für die Abschätzung der Wirkungen der Bürgerkonferenz ist jedoch vor allem die Wertungsstruktur der Vergleichsgruppe in der Befragung nach der Bürgerkonferenz. Die ursprüngliche Struktur hat sich fast nicht verändert. 31% geben eine befürwortende Wertung zur PID ab, 51% eine ambivalente und 17% eine ablehnende.

Phasen des Meinungsbildungsprozesses 73

Ein zweiter Punkt, der im Kontext der öffentlichen Meinungsbildung untersucht wurde, ist, welche Wirkungen die Bürgerkonferenz im direkten sozialen Umfeld der Bürgerinnen und Bürger entfaltete. Dem liegt die Annahme zu Grunde, dass die Teilnehmerinnen und Teilnehmer der Bürgerkonferenz die Thematik sowie die Methode der Bürgerkonferenz möglicherweise in ihren Freundes- und Bekanntenkreis tragen und damit als Multiplikatoren fungieren.

Im Durchschnitt unterhielten sich die Bürgerinnen und Bürger mit 28 Personen aus ihrem Umfeld über die Bürgerkonferenz, mit neun von diesen führten sie sogar intensive Gespräche. Das Interesse der Gesprächspartner richtete sich überwiegend auf das Verfahren der Bürgerkonferenz sowie auf die Thematik Gendiagnostik. Weitere Punkte in den Gesprächen waren das Auswahlverfahren, die Evaluation, von wem die Veranstaltung organisiert wurde sowie Fragen nach den übrigen Teilnehmern. Den manchmal übersteigerten Hoffnungen bzw. Ängsten, die ein Teil ihrer Gesprächspartner gegenüber der Gendiagnostik hegte, konnten die Bürgerinnen und Bürger mit sachlichen Informationen begegnen. Aus Gesprächen ging hervor, dass einige in ihrem sozialen Umfeld sogar ‚Expertenstatus' für gendiagnostische Fragen erlangten und ihre Meinung entsprechend großes Gewicht hatte.

Die vielen Gespräche, die die Bürgerinnen und Bürger zwischen den Wochenenden in ihrem Familien- und Bekanntenkreis führten, sind ein Hinweis dafür, dass Prozesse der öffentlichen Meinungsbildung auch über den Rahmen der Bürgerkonferenz selbst hinausgetragen wurden und werden. Mit dieser Leistung unterstützen die Bürgerinnen und Bürger einen Prozess der Aufklärung und Demokratisierung unserer Gesellschaft ‚von unten'.

Auch die Medien haben, wenn auch in zurückhaltendem Maße, zur öffentlichen Meinungsbildung beigetragen. Insgesamt wurden ein Beitrag im MDR-Fernsehen, drei Hörfunkbeiträge im Deutschlandfunk und einer im WDR gesendet sowie 32 Artikel in der Tagespresse veröffentlicht. Die Zahl der Artikel und Aufsätze über die Bürgerkonferenz in Fachzeitschriften lässt sich derzeit noch nicht absehen.

Die Analyse der Zeitungsartikel zeigt, dass 20 der 32 Artikel im November 2001 veröffentlicht wurden, also kurz vor, während und nach der Abschlusskonferenz. Vier Artikel erschienen im April 2001 nach der Wissenschaftspressekonferenz in Berlin und die zwei Artikel im September bezogen sich auf das erste Vorbereitungswochenende und damit auf den eigentlichen Beginn der Bürgerbeteiligung (siehe Schaubild 3). Die Artikel erschienen in zwanzig verschiedenen Zeitungen. Fast die Hälfte aller Artikel wurde in Zeitungen der Region Dresden veröffentlicht.

Schaubild 3: Verteilung der Zeitungsartikel zur Bürgerkonferenz über das Jahr 2001

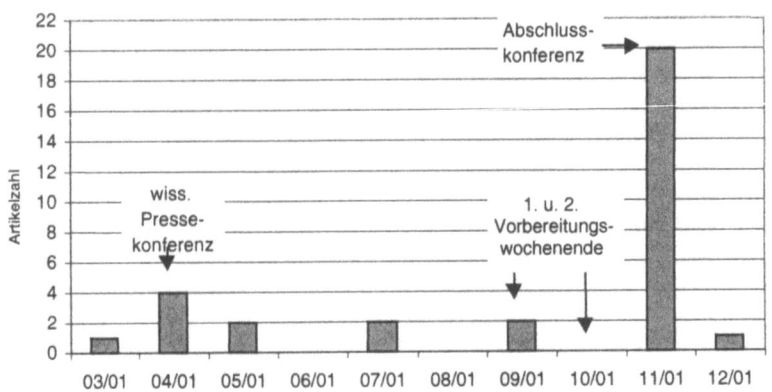

Vergleicht man das Medienecho auf die Bürgerkonferenz mit dem auf ähnliche Beteiligungsverfahren im Ausland, so kann an dieser Stelle festgehalten werden, dass es zwar relativ gering, aber dem Neuheitsgrad dieses Instruments durchaus angemessen ausfiel. Zumindest im Raum Dresden und in geringerem Umfang auch in einigen der Heimatkreise der Bürgerinnen und Bürger hatten Zeitungsleser somit die Chance, sich über die Bürgerkonferenz und die dort behandelte Thematik zu informieren. An den Lesern überregionaler Tageszeitungen und Fernsehzuschauern dürfte dieses Ereignis aber fast spurlos vorübergegangen sein.

3.3 Dialog zwischen Bürgergruppe und Experten

Insgesamt lässt sich festhalten, dass während der Expertenanhörung zwischen Bürgern und Experten eine Atmosphäre gegenseitiger Achtung herrschte. Die Bürgerinnen und Bürger bekamen auf ihre Fragen Antworten, die ihnen beim Verfassen des Bürgervotums halfen. Ob die Anhörung während der Bürgerkonferenz als ein wirklicher Dialog zwischen der Bürgergruppe und den Experten bezeichnet werden kann, hängt davon ab, welche Maßstäbe anlegt werden. Will man unter einem echten Dialog den wechselseitigen Austausch von Wissen, Meinungen und Argumenten verstehen, bei dem die Beteiligten als Partner gleichberechtigt aufeinander zugehen, um den anderen zu verstehen, dann war die Bürgerkonferenz in diesem Punkt nur bedingt erfolgreich. Unter Dialog kann man aber auch bereits die Begegnung zweier Welten verstehen, die sonst fast nie zusammenkommen – die Alltagsrationalität von Bürgern und das Fachwissen der Experten. Allein die Tatsache, dass mit der Bürgerkonferenz erstmals auf nationaler Ebene ein Forum der Begegnung

Bürgerkonferenz erstmals auf nationaler Ebene ein Forum der Begegnung geschaffen wurde, stellt zumindest einen ersten wichtigen Baustein auf dem Weg zu einem echten Dialog dar. Nicht vergessen darf man, dass auch Dialogführen gelernt sein muss – und zwar von beiden Seiten. Trotzdem wurde bereits während der Konferenz von Teilnehmern aus den Reihen der Sachverständigen und der Bürgergruppe mehrere Male geäußert, dass in den Räumlichkeiten der Veranstaltung kein richtiger Dialog zwischen Bürgern und Sachverständigen aufkomme. Verschiedene strukturelle Gründe wurden für diesen Umstand angeführt. Einerseits behindere die Sitzordnung das Entstehen eines intensiveren Austauschs. Im Prinzip saßen sich die Bürgergruppe und die je drei befragten Experten gegenüber. Andererseits schränke das genau strukturierte Frage-Antwort-Schema die Möglichkeiten freier Diskussion weiter ein. So entstand bei einigen Bürgern und Experten der Eindruck, sich im Gerichtssaal und nicht in einer Bürgerkonferenz zu befinden.

Ein zweiter Kritikpunkt betraf das Verlesen der Statements. Genau wie die Expertinnen und Experten bereits im Vorfeld der Abschlusskonferenz die Fragen der Bürger zugeschickt bekommen hatten, kannten auch die Bürger schon vorher die Antworten der Experten. Da nicht sicher war, ob tatsächlich jeder Bürger die Zeit finden würde, die vielen Statements zu lesen, und die Anhörung der Sachverständigen zudem ein öffentliches Ereignis war, wollten die Organisatoren nicht vollständig auf das Vortragen der Positionen verzichten. Allerdings waren die Experten gebeten worden, die wesentlichen Punkte ihrer Antworten möglichst frei vorzutragen. Nachdem jedoch die ersten Sachverständigen es bevorzugt hatten, ihre gesamten Antworten zu verlesen, hielten sich auch weitere Experten an diese ‚Norm'. Dadurch entstand bei mehreren Bürgern der Eindruck, die knappe Zeit für Informationen zu verschwenden, die man bereits kannte.

Sicherlich lassen sich verschiedene Punkte am Ablauf der Kommunikation zwischen den Bürgern und Experten kritisieren. Aber Modellprojekte sind dazu da, aus Kritik und sich ergebenden Schwierigkeiten zu lernen und kreativ zu reagieren. So wurde zum Beispiel von mehreren Teilnehmern im Nachhinein vorgeschlagen, die öffentliche Expertenanhörung von zwei auf einen Tag zu begrenzen. Der zweite Tag böte dann Raum für nichtöffentliche Diskussionen am runden Tisch mit den Experten. Diese Veränderung würde bewährte Elemente von Bürgerkonferenzen mit neuen, aus der Praxis gewonnenen Erfahrungen kombinieren. Die öffentliche Anhörung, die von großer Bedeutung für die Wahrnehmung der Konferenz in der Öffentlichkeit ist, würde am ersten Tag beibehalten und die Begegnung zwischen Bürgern und Experten könnte am zweiten Tag intensiviert werden.

Durch die Verkürzung der öffentlichen Anhörung auf einen Tag müsste natürlich auch die Zahl der Sachverständigen, die an der Bürgerkonferenz teilnehmen könnten, reduziert werden. Gleichzeitig wachsen aber auch die Anforderungen an eine sorgfältige Auswahl der Expertinnen und Experten. Allerdings ist zu erwarten, dass eine geringere Zahl der Experten und damit auch unterschiedlicher Standpunkte durch die größere Intensität der Begegnung zwischen Bürgern und Experten aufgewogen wird. Darüber hinaus hätte eine Verringerung der Anzahl von teilnehmenden Experten einen positiven Effekt zur Senkung der Gesamtkosten des Verfahrens. Weiterhin muss darüber nachgedacht werden, ob nicht bereits während der öffentlichen Expertenanhörung eine andere Sitzordnung gewählt werden könnte, die das Konfrontative aus dieser ersten Begegnung nimmt.

3.4 Die Einschätzung des Bürgervotums

Während des Abschlusswochenendes verfassten die Bürgerinnen und Bürger ein differenziertes und klar strukturiertes Votum, dessen teilweise erfrischende Formulierungen es sehr lesenswert machen. Die Bürger bezogen in diesem Papier zur ganzen Breite der genetischen Diagnostik und zusätzlich noch zur Forschung an menschlichen Stammzellen Stellung. Die hohe Qualität des Inhalts wurde vom überwiegenden Teil der Sachverständigen und Politiker bestätigt. Insgesamt gaben 34 Experten, die entweder als Sachverständige zur Anhörung eingeladen gewesen waren oder an die das Votum verschickt worden war, ein Urteil zum Bürgervotum ab. 62% der Sachverständigen schätzten die Qualität des Votums mit gut oder sehr gut ein, 23% gaben ein Befriedigend und für 15% bzw. fünf Personen war die Qualität nur genügend bis ungenügend.

Das Bürgervotum brachte keine neuen wissenschaftlichen Erkenntnisse, betrachtete aber das bekannte Wissen aus einer etwas anderen Sicht, eben aus Bürgersicht. So wurden die von der Gendiagnostik vorrangig betroffenen Gruppen der Bevölkerung in den Mittelpunkt der Betrachtung gerückt, nämlich zum einen schwangere Frauen bzw. Frauen mit Kinderwunsch und zum anderen Menschen mit genetisch bzw. nicht genetisch bedingten Behinderungen. Zudem wurde im Bürgervotum die Bedeutung von Aufklärung und Beratung für informierte Entscheidungen im Umgang mit der Gendiagnostik betont. Hervorzuheben ist die Ablehnung der PID durch alle teilnehmenden Frauen. Dies macht deutlich, dass Frauen, vielleicht aufgrund ihrer besonderen Rolle und aus Erfahrung mit Schwangerschaft, Geburt, Abtreibung zu einer sehr eigenen Einschätzung dieser Thematik kommen und dass diese Meinung in der Gesellschaft verstärkt gehört werden sollte.

4. Zwischen Hoffnung und Frust – Erfahrungen von teilnehmenden Bürgerinnen

Ulrike Jäger-Roschko

4.1 Eine besondere Erfahrung

Im Juni 2001 kam ein Brief an. Eine Einladung zur ersten Bürgerkonferenz, die in Deutschland stattfinden sollte. Das Thema war die Gendiagnostik. Es folgte die Überlegung, soll ich darauf antworten? Bei wahrscheinlich unzähligen bundesweit verschickten Anfragen war die Chance sehr gering, tatsächlich an der Konferenz teilnehmen zu dürfen. Man dachte an einen Lottogewinn. Aber man konnte es ja mal probieren, zumal das Thema vielversprechend war. Es war gerade so, als hätte jemand gewusst, dass ich an medizinischen Themen großes Interesse habe, also habe ich geantwortet und siehe da, ich durfte nach Dresden fahren. Und meine Familie machte mir Mut: „Das ist genau das Richtige für dich."

Nun begann eine aufregende Zeit, was würde einen dort erwarten? Und was wurde von mir erwartet? Zum Einstimmen in die Materie hatten wir schon vorab einige Artikel erhalten. Im Deutschen Hygiene-Museum angekommen, gab es durch das Organisationsteam eine herzliche Begrüßung, und die sorgte schon für eine leichte Entspannung. Auch der Moderator hat viel dafür getan, dass wir die anfängliche Unsicherheit allmählich verloren. Es ist erstaunlich, wie schnell Menschen zueinander finden können, die sich noch nie gesehen haben. Aber es war wohl die große gemeinsame Aufgabe, die vor uns lag, und ich denke jeder hatte vor, sie zu einem guten Ende zu bringen. Plötzlich war ich mitten drin!

Am ersten Wochenende haben wir vermittelt bekommen, worum es genau ging. Die Informationen waren sehr umfangreich und hoch interessant. Eine Fülle von Lehrstoff zum Thema Gendiagnostik, den es zu verstehen und einzuschätzen galt. Es war eine große Anstrengung und für mich auch mit Aufregung verbunden. Ich sollte das, was ich zu dem Thema zu sagen hatte, in ein Mikrofon sprechen, wie schrecklich! So sagte ich anfangs nicht sehr viel. Aber das gab sich, man wächst halt mit seinen Aufgaben.

Natürlich kamen Zweifel: Was tue ich mir da an? Zeitweise war es mehr Stress, als mir gut tat. Allerdings, was einmal begonnen, das sollte auch beendet werden. Das war ich nicht nur mir, sondern auch anderen schuldig.

Das zweite Wochenende war nicht weniger anstrengend. Mit reichlich Literatur versehen, hatte ich zu Hause versucht, mein Wissen zu vertiefen. Ich erinnere mich noch, wie groß die Überraschung und auch die Freude aller Beteiligten war, als alle wieder erschienen waren. Man freute sich, einander wiederzusehen, wenn das nicht auch Motivation für die weitere Arbeit war!

Wir bemerkten, dass wir es mit einem sehr umfangreichen Thema zu tun hatten. Also hieß es: Begrenzen! Und so rauchten die Köpfe, denn es mussten thematische Entscheidungen gefällt werden. Ebenso sollten die Experten ausgewählt werden. Dies empfand ich als schwierig, denn woher sollten wir wissen, dass wir uns für die Richtigen entscheiden würden. Die Statements der Experten hatte ich alle gelesen, doch brachten sie mich persönlich nicht viel weiter. Wie gut, dass ich nicht allein entscheiden musste. Aber dann standen unsere Fragen fest und ebenso die Fachleute, von denen wir uns gute Antworten erhofften.

So kam dann das letzte, um einige Tage verlängerte Wochenende, die eigentliche Konferenz. Wieder war die Spannung riesengroß und auch diesmal war niemand ausgefallen. Die Experten hatten unsere Fragen größtenteils schriftlich beantwortet. Das war auch gut so, denn teilweise war es schwierig, alles zu begreifen, was sie vortrugen. Nun kam unsere eigentliche Aufgabe, denn wir mussten ein Votum erstellen, in dem unsere Meinung zum Ausdruck kam. Es war eine absolute Schwerstarbeit, die viel Zeit benötigte und viel Kraft kostete. Nachts, um 2 Uhr war es geschafft. Ich persönlich hätte mir teilweise noch präzisere Formulierungen gewünscht, aber dafür war die Zeit nicht da.

Die Präsentation unseres Votums am nächsten Tag war aber ein Erfolg! Alle waren von dem Ergebnis angetan: die anwesenden Politiker, die Wissenschaftler, die Organisatoren und somit natürlich auch wir.

Es war eine tolle Sache, an die ich bestimmt noch oft zurückdenken werde. Ich freue mich noch immer sehr, dass ich diese Erfahrung gemacht habe, es war etwas ganz Besonderes, als Laie bei so einem wichtigen Thema mitreden zu dürfen. Vielleicht gibt es ja mal wieder zu einem anderen Thema eine Bürgerkonferenz, aber dann gilt für mich noch immer, ich war bei der ersten dabei.

Marion Klemm

4.2 Die Herausforderung gesellschaftlicher Verantwortung

Natürlich könnte ich chronologisch vorgehen und beschreiben, wie der erste Brief vom Deutschen Hygiene-Museum fast als Werbesendung im Altpapier gelandet wäre, der Absender mich aber noch rechtzeitig stutzig machte. Ich las, fühlte mich vom Zufall geehrt, da er mich auserwählt hatte, und hörte tief in mir die Stimme der gesellschaftlichen Verantwortung rufen: Mach da mit!

Vielleicht sollte ich aber einfach über die Zugfahrten von Trier nach Dresden zu den drei Konferenzwochenenden berichten. Schon auf der Fahrt zum ersten Treffen hatte im ICE von Saarbrücken nach Dresden ein junger Mann den Platz neben mir reserviert, der sich, nachdem er einen Blick auf meine Unterlagen geworfen hatte, als einer der Bürgerkonferenzteilnehmer und Betriebswirtschaftsstudent outete. Kaum dass er seinen Platz eingenommen hatte, kam die Frage: „Na, pro oder contra Gendiagnostik?" „Contra", antwortete ich und fügte in Gedanken hinzu: „Und nicht nur damit die Zugfahrt spannend wird!" Tatsächlich entpuppte sich mein Begleiter als überaus technikfreundlich und liberal und hieß alle nur erdenklichen Formen der Gendiagnostik begeistert willkommen. Wahrscheinlich gab es keine einzige Meinung in der ganzen Bürgergruppe, die konträrer zu meiner eigenen war, und die Zugfahrten wurden zu einer wahren Herausforderung für mich. (Meine missionarischen Bemühungen waren leider ziemlich erfolglos, wie sich beim Schreiben des Bürgervotums herausstellte.) Jedenfalls hätte ich mir im Nachhinein eine Zugfahrt mit jedem der anderen achtzehn Teilnehmer gewünscht, um auch deren Meinung so genau kennen zu lernen.

Aber jetzt möchte ich von einem Traum erzählen, der mir nach dem ersten Vorbereitungswochenende in Dresden eine schreckliche Nacht bereitete. Ich träumte: Alle neunzehn Bürger sitzen am großen Konferenztisch im Hygiene-Museum. Als Experten sind Horkheimer und Adorno geladen und halten ihren Vortrag, wobei sie synchron sprechen. Sie legen dar, dass sie früher den Höhepunkt der Moderne im Dritten Reich sahen; eine Barbarei, die nur möglich durch rein positivistisches Denken war. Die Gentechnologie stelle nun einen neuen Superlativ der Grausamkeiten dar. Abrupt endet der Vortrag. Beide ziehen sich lange weiße Schürzen an und rufen: „An die Suppe!" Als Adorno meinen Teller füllt, sehe ich, dass in der Suppe eigenartiges Gewebe schwimmt. „Ich bin Vegetarierin. Ist das Fleisch?", frage ich ihn. „Nein", sagt er, „die Suppe ist fleischlos. Laut Gesetzesbeschluss vom 1. 8. 2001 gehören Zellen nicht der Kategorie Fleisch an!"

„Aha, und was für Zellen?", frage ich noch, während ich schon mit dem Teller unterwegs zu meinem Platz bin. „Embryonale Stammzellen", ruft Adorno mir freundlich nach. Ich sitze schockiert und angewidert vor meiner Suppe, als mir die Stimme des Moderators ins Ohr raunt: „Essen Sie Ihre Suppe, Frau Klemm, Sie haben noch fünf Minuten!" Schweißgebadet wache ich auf.

Ich werde mich nicht in der Traumdeutung versuchen, aber der Traum beinhaltet zwei Aspekte, die mir während der gesamten Konferenz immer wieder zu schaffen gemacht haben. Das eine war der Zeitdruck, unter dem die Themen diskutiert wurden. Oft hatte sich die zum offenen Austausch notwendige Vertrautheit in einer Kleingruppe gerade eingestellt, als es schon wieder hieß: „Ihre Zeit ist um!"

Außerdem hatte ich ständig die Befürchtung, dass wir uns aufgrund der Komplexität des Themas in Detailfragen verlieren, ohne zum Kern der Sache vorgedrungen zu sein. Vielleicht kann ich das am Beispiel der Diskussion um die Präimplantationsdiagnostik (PID) erklären. Natürlich sind juristische Fragen zum Thema Präimplantationsdiagnostik wichtig. Aber schließlich bleibt die Frage „PID – ja oder nein" doch eine moralische, ethische. Das Argumentieren auf der rein juristischen Ebene schien mir wie ein Ausweichen vor einer persönlichen moralischen Entscheidung. Da wurde argumentiert, dass man die PID nicht verbieten könne, wenn die Pränataldiagnostik (PND) inklusive Spätabtreibung erlaubt sei. Statt also die PND einzuschränken, setzt man die PID noch oben drauf, als müsse man auch in der Gesetzgebung dem Schein der Linearität folgen.

Von der Expertenbefragung hätte ich mir sehnlichst gewünscht, sie wäre zu einer einzigen Kaffeepause mit den Sachverständigen deklariert worden. In diesen Pausen fanden nämlich die wirklich interessanten Gespräche statt. Hinter ihren meterweit entfernten Redeplätzen waren die Experten dagegen unerreichbar.

Die größte Herausforderung war, man kann es sich denken, das Schreiben des Abschlussberichtes. Jede Formulierung, die in Kleingruppen verfasst worden war, musste von allen neunzehn Teilnehmern abgesegnet werden. Zu Recht, schließlich steckt hinter jeder Paraphrase eine andere Intention. Umso erstaunlicher, dass tatsächlich ein mehrseitiger Konsensbericht zustande kam.

Natürlich hätte ich meinen Erfahrungsbericht auch ganz anders schreiben können. Ich hätte damit anfangen können, dass die Konferenz für mich eine riesige Bereicherung war; dass ich auf der Inhaltsebene sehr viel über Gendiagnostik gelernt habe, und auf der Prozessebene viel über Gruppenarbeit und Meinungsbildung.

Natürlich hätte ich auch mit dem Wunsch beginnen können, dass Bürgerkonferenzen ein fester Bestandteil unserer Demokratie werden und dass die Ergebnisse auf politische Entscheidungen Einfluss nehmen sollten.

# III. Ergebnis im Streitfall Gendiagnostik

Das Bürgervotum

Einleitung

Auf Einladung des Deutschen Hygiene-Museums sind wir, das sind 19 zufällig ausgewählte Bürgerinnen und Bürger aus der gesamten Bundesrepublik, in einer breiten Altersstruktur und aus vielfältigen Tätigkeitsbereichen hier in Dresden zusammengekommen, um uns im Streitfall ‚Gendiagnostik' eine Meinung zu bilden.

Wir haben einen Einblick in die vielfältigen komplexen Auswirkungen und in die kontrovers diskutierte Sachlage bekommen und wollen nach unseren eigenen Gewissens- und Moralvorstellungen Stellung beziehen. Deshalb haben wir es uns zum Ziel gesetzt, unsere Empfehlungen an die Öffentlichkeit zu bringen und sie insbesondere an Entscheidungsträger in Politik und Wissenschaft zu richten.

Aus dem breiten Spektrum der Gendiagnostik haben wir uns für die drei folgenden Bereiche entschieden:

- Gentests für die Gesundheitsvorsorge
- Präimplantationsdiagnostik
- Pränatale Diagnostik

Sie betreffen einen Großteil unserer Bevölkerung, beinhalten viele Risiken und Unsicherheiten und sind unter verschiedenen Aspekten von Brisanz. Es besteht rechtlicher Regelungsbedarf.

Präambel zum Menschenbild

Es war uns wichtig, uns für die weitere Diskussion und Einschätzung intensiv mit dem Menschenbild auseinander zu setzen. Unsere Wertvorstellungen sind teilweise christlich, islamisch oder durch andere ethische Grundhaltungen bestimmt.

Wir betonen, dass die Würde des Menschen unantastbar ist. Jeder Mensch ist eine einzigartige Persönlichkeit mit eigenen Fähigkeiten und Schwächen, die ihn von allen anderen Menschen unterscheidet. Tod und

Krankheit gehören zum Leben, wie auch das Empfinden von Leid und Glück vielleicht sogar Menschsein bedeutet. Ein Mensch kann kein formbares Objekt von Wünschen und Vorstellungen anderer sein und ist nicht auf statistische Größen zu reduzieren. Menschen haben die Fähigkeit zum selbstständigen Denken und Handeln, wobei sittliche und moralische Maßstäbe als Orientierung und Grundlage unabdingbar sind. In diesen Entscheidungen ist der Mensch zunächst seinem Gewissen unterworfen und verantwortlich, aber die Wahlfreiheit des Einzelnen darf nicht das Wohl der gesamten Gesellschaft aus dem Auge verlieren. Es gibt auch eine Beeinflussung durch wirtschaftliche und technokratische Faktoren, die Religionen und die Medien.

Neue Diagnose- und Fortpflanzungstechniken suggerieren, Behinderung und Krankheit seien vermeidbar und nur ‚normale' gesunde Menschen seien lebenswert. Außerdem haben wir den Eindruck, dass die heutige Gesellschaft den normgerechten Menschen fordert. Niemand darf auf eine Eigenschaft oder Schwäche, wie Krankheit oder Unvermögen, reduziert werden. Jeder Mensch hat das Recht, mit allen seinen Fähigkeiten und Schwächen als ‚ganze' Persönlichkeit betrachtet und anerkannt zu werden. Toleranz und Verständnis sind dabei eminent wichtig. Die Vielfalt menschlichen Lebens muss in allen ihren Spielarten angenommen werden.

Für uns als Bürgerinnen und Bürger sowie Laien ist es vorrangig zu fragen: Was ist gut für den Menschen, was schadet ihm? Welche Möglichkeiten machen unser Leben freier, welche unterwerfen uns neuen Zwängen oder greifen gar in das Leben anderer ein? Welche Fortschritte sind im Sinne des Allgemeinwohls wünschenswert und welche nicht? Wie soll eine Gesellschaft langfristig beschaffen sein, in der es sich auch für unsere Kinder und Kindeskinder lohnt zu leben? Die Möglichkeiten der Gendiagnostik sollen zum ganzheitlichen Wohl des Menschen genutzt und ihr Missbrauch muss verhindert werden!

1.1 Stellungnahme zu Gentests für die Gesundheitsvorsorge

Die rasant fortschreitende Entwicklung in der Gentechnologie erfordert eine breite und tief gehende Aufklärung der Öffentlichkeit. Sie sollte so früh wie möglich in der Schule beginnen und auch Erwachsenen ermöglicht werden. Momentan stellt sich die Situation so dar, dass der Durchschnittsbürger uninformiert und dadurch stark verunsichert ist. Ziel dieser Aufklärung ist es, die Bürgerinnen und Bürger mündig zu machen für ihre freie Entscheidung, ob sie sich einem Test unterziehen oder ihn nicht in Anspruch nehmen. Dabei dürfen sie keinen Zwängen ausgesetzt werden.

Gentests sollten nur von Ärztinnen/Ärzten mit entsprechender Qualifikation, bei vorliegender Indikation und vorausgegangener umfangreicher Beratung durchgeführt werden (wobei festzustellen ist, dass diese zur Zeit nicht

Stellungnahme zu Gentests für die Gesundheitsvorsorge 85

ausreichend und zufriedenstellend angewandt wird). Sie wird den Betroffenen weder vor der Durchführung noch während des Testverlaufes oder danach zuteil. Aus diesem Grunde bedarf es einer staatlichen Regelung mit der Forderung nach einer angemessenen Honorierung der Berater.

Die Qualität von Gentests sollte von einer übergeordneten, kompetenten Instanz gesichert werden: „(...) die Einrichtung einer *zentralen Kommission*, die für die Zulassung neuer Testangebote zuständig ist, ist erwägenswert." (Hennen, L./Petermann, T./Sauter, A.: *Das genetische Orakel: Prognosen und Diagnosen durch Gentests – eine aktuelle Bilanz*. Berlin 2001: 101)

Auch die derzeitigen kommerziellen Anbieter sollten sich aufgrund starker Qualitätsunterschiede für eine Zulassung einer strengen Prüfung unterziehen. Nicht zertifizierte Tests sind abzulehnen und die Anbieter bei Verbreitung unter Strafe zu stellen. Zweifelhaft erscheinen uns Testangebote mit unpräziser Aussagekraft (z.B. Mammakarzinomrisiko) und „ein positives Ergebnis" im Sinne von genetischer Disposition ohne Therapiemöglichkeit. Wir empfehlen eine indikationsbezogene genetische Diagnostik nur zu Gesundheitszwecken, deren Kosten von den Krankenkassen zu tragen sind, um sozialen Ungerechtigkeiten vorzubeugen. Auch Sonderwünsche seitens der Patienten sollten unter fachärztlicher Betreuung über private Abrechnung berücksichtigt werden (Einzelmeinung).

Ein großes Problemfeld im Rahmen der prädiktiven Gentests, auf das wir im Laufe der Konferenz gestoßen sind, ist das Missbrauchspotenzial. Unsere größten Ängste liegen hier in der Nutzung der Testergebnisse durch Staat, Arbeitgeber und Versicherungen:

(1) Von staatlicher Seite:

In besonderen Fällen (Beispiel Seuchenvorsorge) könnte der Staat zu Zwangsreihenuntersuchungen (*Screenings*) greifen, um die Gesundheit in der Bevölkerung sicher zu stellen.

Wir sind der Meinung: Der Staat darf keine solche Untersuchungen durchführen lassen, auch wenn sie nur der Gesundheitsvorsorge dienen. Dies sollte immer auf freiwilliger Basis geschehen, denn die Bürgerinnen und Bürger haben ein Recht auf Nichtwissen.

(2) Von Arbeitgeberseite:

Prädiktive Gentests würden dem Arbeitgeber die Möglichkeit geben, nur gesunde und leistungsfähige Mitarbeiterinnen und Mitarbeiter einzustellen, um damit seinen Krankenstand zu senken und Kosten einzusparen. Der Arbeitnehmer wird in seiner Position dadurch geschwächt, da er ein weiteres Auswahlkriterium erfüllen muss, um einen Arbeitsplatz zu bekommen. Zudem ist die genetische Beschaffenheit jedes Menschen naturgegeben (bis jetzt) und liegt damit außerhalb des eigenen Einflussbereichs.

Solche auf einen statistischen Wert herabsetzende Bewertungskriterien sind inakzeptabel. Daher darf es niemals zu einer solchen Entwicklung kommen. Hier ist der Gesetzgeber gefragt, dieses zu verhindern. Dem Arbeitnehmer soll es aber freigestellt bleiben, ob er einen Test macht, der mit seinem Arbeitsplatz zusammenhängt.

(3) Von Seite der Versicherungen:

Versicherungen haben ein großes Interesse an prädiktiven Gentests: zum einen durch das Einsparungspotenzial der dadurch ermöglichten Vorsorge, zum anderen durch die mögliche Einführung nach genetischen Risikopotenzialen gestaffelten Beitragssätzen für Berufsunfähigkeits- und Kapitallebensversicherungen. Dieses Risikopotenzial wird anhand der prädiktiven Gentests aufgestellt, d.h. derjenige, der genetisch gesund ist, zahlt für die gleichen Leistungen weniger als ein genetisch Vorbelasteter, der ein erhöhtes Risiko hat zu erkranken. Der Mensch wird wieder auf statistische Werte reduziert, die er selbst nicht beeinflussen kann.

Diese Sichtweise ist unserer Meinung nach unmoralisch und diskriminierend: Menschen werden ungleich behandelt und das Solidaritätsprinzip wird untergraben. Durch ihre genetischen Defekte werden bereits erkrankte Menschen zusätzlich finanziell belastet. Diesen möglichen Missbrauch gilt es von vornherein zu verhindern. Es müssen Gesetze erlassen werden, die diese Entwicklung ausschließen und es muss dafür gesorgt werden, dass Versicherungen keinen Zugriff auf genetische Daten erhalten.

Auf der anderen Seite soll es den Versicherungsnehmern ebenfalls nicht möglich sein, ein – durch einen Gentest – erworbenes Wissen zu ihrem Vorteil zu nutzen, indem sie sich aufgrund eines erhöhten Erkrankungsrisikos unverhältnismäßig hoch finanziell absichern, da dadurch das Solidaritätsprinzip unterwandert wird.

Abschließend ist die Bürgergruppe der Meinung, dass grundsätzlich genetische Daten den Betroffenen gehören und aufgrund ihrer besonderen Sensibilität vor Dritten geschützt werden müssen. Eine eventuelle Nutzung dieser Daten darf nur mit ausdrücklichem Einverständnis erfolgen.

1.2 Stellungnahme zur Präimplantationsdiagnostik (PID)

In der Bürgergruppe gibt es eine Mehrheitsmeinung, die PID ablehnt und eine Minderheitsmeinung, die PID befürwortet. Im Nachfolgenden sind beide Meinungen mit Begründungen dargestellt.

Für sehr bemerkenswert halten wir die Abstimmung in der Bürgergruppe, die folgendes Ergebnis brachte: elf Stimmen gegen die Einführung und acht Stimmen für die Einführung von PID. Bezeichnend dabei ist, dass alle Frauen gegen die Einführung gestimmt haben und nur Männer dafür.

Ablehnung von PID

Die PID darf in der BRD weiterhin nicht erlaubt werden. Wir können zwar verstehen, dass sich Eltern mit genetischer Vorbelastung ein ‚gesundes' Kind wünschen. Trotzdem sehen wir in der PID ein großes Missbrauchspotenzial, das eine Zulassung nicht rechtfertigt.

Die Nichtübereinstimmungen unserer Gruppe sind ein Zeichen dafür, dass die Einführung der PID sehr umstritten ist. In der Gesellschaft sind ähnliche Meinungsverschiedenheiten zu erkennen. Die Durchführung der PID würde von vornherein zu einer Selektion von Menschen nach Kriterien wie gesund/krank bzw. erwünscht/unerwünscht führen und hätte negative Auswirkungen auf Kranke und Behinderte in unserer Gesellschaft. Der Mensch wird auf seine Gene reduziert, wenn man ihn allein über dieses Kriterium definiert. Wer maßt sich an zu entscheiden, welche genetischen Eigenschaften zukünftig lebende Menschen haben sollen und welche nicht?

Durch die Zulassung der PID würden auf die Frau enorme physische Belastungen (Hormonbehandlung) und enorme psychische Belastungen (lange Zeiten der Ungewissheit und Angst) zukommen, die schwer zu verarbeiten sind.

Der Einfluss der Technik verlagert den Vorgang der Zeugung vom Schlafzimmer in die Labors. Außerdem ist es bewiesen, dass die Erfolgschancen von PID sehr gering sind und Behinderungen dadurch nicht ausgeschlossen werden können, da weiterhin das allgemeine Fehlbildungsrisiko von drei Prozent besteht. Es würden sich der PID Folgeuntersuchungen anschließen (PND), die einen Schwangerschaftsabbruch trotzdem notwendig machen könnten.

Unsere Wohlstandsgesellschaft sollte sich auf die Akzeptanz behinderten Lebens besinnen und durch Unterstützung Lebensräume und Lebensentfaltungsmöglichkeiten für Behinderte schaffen.

Befürwortung von PID

PID hängt eng mit der Frage *Wann ist der Mensch ein Mensch?* zusammen. Der Mensch genießt in unserer Gesellschaft besonderen Schutz. Zur Menschwerdung gibt es verfassungsrechtliche, rechtliche, ethische und biologische Bewertungen. Es wird unter anderem dabei die These vertreten, dass die Stammzelle ‚kein Mensch' ist und somit auch kein Anrecht auf Grundrechte hat. Und dem stimmen wir zu. Es ist dann nicht zu vertreten, dass Abtreibungen bis zur 16. Woche (bei behinderten Kindern bis zur Geburt) durchgeführt werden dürfen und der Umgang mit Stammzellen verboten ist. Zum Grundrecht auf freie Entfaltung der Persönlichkeit gehört das Recht auf Familienplanung. Wenn Elternpaare einen Kinderwunsch haben und genetisch stark belastet sind, hilft PID bei einer verantwortlichen Familienplanung. Weiterhin erlaubt PID eine Embryonalentwicklung im Reagenzglas und ist bei einem eventuellen Abbruch nicht mit körperlichen und seelischen Schäden – insbesondere für die Frau – verbunden.

Auf der Grundlage des Entwurfs der Deutschen Gesellschaft für Humangenetik muss ein Gesetz entstehen, dass mindestens drei regelnde Punkte aus diesem Entwurf enthält:
PID darf nur

- bei schwersten genetischen Erbkrankheiten und hohem genetischen Risiko,
- nach einer vorausgegangenen eingehenden Beratung und
- nach einer Entscheidung im jeweiligen Einzelfall durch eine ärztliche Kommission, die bei der jeweiligen Landesärztekammer angesiedelt ist,

durchgeführt werden.

Stammzellenforschung

Eng verbunden mit der PID ist die Stammzellenforschung mit embryonalen Stammzellen.

Hierzu gibt es zwei Voten innerhalb der Gruppe der PID-Befürworter:

1. Stammzellenforschung nicht zulassen:
   Vorhandene ‚restliche' Stammzellen dürfen nur unter der Verfügungsgewalt der biologischen Eltern bleiben und weiterhin nur zur eigenen Fortpflanzung verwandt werden.
2. Stammzellenforschung nur zum Zwecke der Bekämpfung von Krankheiten, die mit herkömmlichen Mitteln nicht mehr bekämpft werden können, einzusetzen:
   Jede andere Verwendung und Manipulation ist ausnahmslos zu verbieten.

Für beide Auffassungen muss vom Gesetzgeber eine Rechtsgrundlage geschaffen werden, die auch eine Überwachung dieses Gesetzes zulässt.

Die PID-Gegner sind ausnahmslos gegen die embryonalen Stammzellenforschung, einschließlich des Imports.

Die gesamte Bürgergruppe ist der Meinung, dass die Forschung mit adulten Stammzellen stärker ausgebaut und gefördert werden muss.

Solange die Positionen zur PID so kontrovers diskutiert werden, fordert die Bürgergruppe, dass eine Entscheidung zur PID erst nach einer breiten öffentlichen Diskussion getroffen wird.

Wir wünschen uns, dass die Arbeit der Bürgerkonferenz zur Folge hat, die öffentliche Diskussion, besonders im Falle der PID, zu fördern. Den Medien empfehlen wir, mehr über den aktuellen Stand der Forschung zu berichten, damit eine breite Öffentlichkeit erreicht werden kann.

1.3 Stellungnahme zur Pränatalen Diagnostik (PND)

Wir sind äußerst besorgt, dass sich die PND in den letzten Jahren so stark ausgeweitet hat. Die Indikationen, besonders die Altersindikationen sind ausgehöhlt worden. Heimlich, still und leise sind Paare und besonders Frauen in einen Zwang geraten, die PND in Anspruch zu nehmen. Es wird suggeriert, dass „gesunde" Kinder machbar sind. Und jeder wünscht sich ein gesundes Kind.

Die einzigartige leibliche Verbindung zwischen der Frau und dem werdenden Kind in der Schwangerschaft braucht eine gute kompetente Begleitung und keine Kontrolle. Es darf nicht sein, dass das Guter-Hoffnung-sein Ängsten, großem Leid und der ‚Schwangerschaft auf Probe' weicht. Für viele Frauen ist es eine traumatische Erfahrung, dass gewollte Kind nach einer PND abzutreiben. Oft können die Schuldgefühle und die Trauer nur mit einer Psychotherapie verarbeitet werden.

Das Problem liegt unserer Meinung nach in der Tatsache, dass die PND unreflektiert von zu vielen Frauen in Anspruch genommen wird.

Die Gründe sind eine mangelnde Aufklärung darüber, was die PND leisten und aussagen kann und was die möglichen Folgen sind. So kann nur eine sehr geringe Zahl der Behinderungen auf eindeutig genetische Defekte zurückgeführt werden. Dazu kommt, dass bestimmte Methoden (z.B. *Triple-Test*) nur der Risikospezifizierung dienen und keine Aussagen darüber treffen, ob das werdende Kind tatsächlich behindert ist oder nicht. Weiterhin unterliegen Frauen einem enormen gesellschaftlichen Druck, mit ihrem Kind ein ‚Qualitätsprodukt abzuliefern', das alle möglichen Kontrollen durchlaufen hat. Schließlich ist die Vorstellung, ein behindertes Kind zu haben, zu einer Schreckensvision hochstilisiert worden.

Um solche Vorstellungen abzubauen, bedarf es einer breiten Aufklärung und guter Beratung. Die momentane Situation hierzu ist unbefriedigend. Eine breite Aufklärung zum Thema PND findet so gut wie nicht statt. Eine Folge davon ist, dass Frauen sich erst in der Schwangerschaft mit diesem schwierigen Thema auseinandersetzen. In dieser sensiblen Situation können Frauen unter Entscheidungsdruck geraten, was wiederum Ängste und Unsicherheiten fördert.

Auch in der Beratung existieren erhebliche Missstände. Zwar gibt es genügend Beratungsstellen, welche aber nicht in Anspruch genommen werden. Die Frauen werden nicht darüber aufgeklärt, dass sie ein Recht auf psychosoziale Beratung haben. Diese Information, die seitens der Ärztinnen/Ärzte an die Frauen herangetragen werden müsste, wird oft verschwiegen. Die medizinische Beratung, die durch Gynäkologinnen/Gynäkologen stattfindet, ist meist sehr knapp und führt bei den Schwangeren oft zu Verunsicherungen. Vielen Frauen ist auch nicht bewusst, dass sie die PND nicht in Anspruch nehmen müssen.

Wir fordern deshalb eine breite Aufklärung der Öffentlichkeit. Die Bevölkerung muss über die Möglichkeiten der PND informiert werden. Die Auseinandersetzung mit der Möglichkeit einer Abtreibung kann so vor der PND stattfinden. Findet diese Auseinandersetzung erst nach dem positiven Testergebnis der PND statt, wird eine Entscheidung unter großem psychischen und zeitlichen Druck gefällt.

Für die Beratung fordern wir, dass Ärztinnen/Ärzte ihre Aufklärungspflicht wahrnehmen, indem sie eine umfassende medizinische Aufklärung vornehmen. Außerdem müssen sie die Frauen auf das Recht einer psychosozialen Beratung hinweisen und Kontakte vermitteln. Dazu muss die Kooperation zwischen Ärztinnen/Ärzten und Beratern verbessert und gefördert werden. Für die Berater ist eine ständige Weiterbildung nötig, da die Methoden der PND immer unübersichtlicher werden.

Schwangerschaftsbetreuung

Die Schwangerschaftsbegleitung unterliegt nach unserer Meinung zu sehr den Gynäkologinnen/Gynäkologen. Bei normalem Schwangerschaftsverlauf ist eine so intensive medizinische Kontrolle nicht nötig. Neben der medizinischen Versorgung durch die Ärztinnen/Ärzte bieten auch Hebammen eine umfassende Schwangerschaftsbetreuung an. Dies wird von vielen Frauen als wohltuend und angemessener empfunden. Den Frauen muss es ermöglicht werden, sich auch für eine Betreuung ausschließlich durch die Hebamme zu entscheiden. Das Wissen über die Möglichkeit der Schwangerschaftsbetreuung durch Hebammen muss umfassender bekannt gemacht werden. Die Finanzierung der Betreuung durch Hebammen oder Gynäkologinnen/Gynäkologen muss gleichberechtigt gehandhabt werden. Die Kooperation zwischen Ärztinnen/Ärzten und Hebammen muss verbessert werden.

Überzogene medizinische Kontrolle stellt eine Schwangerschaft in den Status einer Krankheit. Wir wünschen uns, dass das Heranwachsen eines Kindes im Mutterleib wieder als natürlicher Zustand empfunden wird. Das ist die Voraussetzung für eine harmonische Mutter-Kind-Beziehung, die Vertrauen und bedingungslose Liebe schafft.

Wir glauben, dass der Mythos der Machbarkeit in zunehmendem Maße unsere Mitmenschen mit Behinderungen diskriminiert. Schon jetzt haben Mütter oft mehr Angst vor den Reaktionen der Gesellschaft als vor der Behinderung ihres Kindes. Es ist kein Einzelfall, dass Eltern gefragt werden:

„Hätte das nicht vermieden werden können?" Diesem Denken muss dringend Einhalt geboten werden.

Zudem machen genetisch bedingte Behinderungen nur einen kleinen Anteil aus. Jeder von uns kann sich im Laufe seines Lebens eine Behinderung zuziehen. Wir möchten in einer Gesellschaft leben, in der alle Mitglieder ohne Diskriminierung frei und selbstbestimmt leben können und in der für die Integration und Förderung der Menschen mit Behinderung gesorgt wird. Wir empfehlen eine strukturelle Neuorientierung der Gesellschaft im Alltag: Es sollten integrative Kindergärten ausgebaut werden, Schulen mit dem nötigen Personal vorhanden sein, aber auch Sport- und Freizeiteinrichtungen integrativ gestaltet werden. Wir wünschen uns eine weitestgehende Verabschiedung von Sondereinrichtungen und eine Förderung der Ausbildung von Behinderten – weg von Behinderten-Werkstätten –, dass somit eine ‚Normalbiografie' für Behinderte ermöglicht wird. Wir wissen, dass für Mehrfachbehinderte eine Integration schwierig ist und für die Familien eine Sondereinrichtung eine große Hilfe darstellt.

Den Menschen mit Behinderungen muss ermöglicht werden, voll am öffentlichen Leben teilzunehmen. So fordern wir zum Beispiel eine behinderten-gerechte Stadtplanung unter Mitsprache von Behinderten.

Wir sehen darin eine Chance, die Barrieren zwischen Menschen mit und ohne Behinderung abzubauen. Damit könnte ein Rückgang der Abtreibung durch die PND erreicht werden.

Behinderung entsteht auch im Kopf des Betrachters: Wollen Menschen mit Behinderung unser Mitleid? Können wir überhaupt Behinderung mit Leid gleichsetzen?

Wenn jede Bürgerin und jeder Bürger die Möglichkeit hätte, Erfahrungen mit Behinderten zu machen, könnten Distanzen und Vorbehalte gegenüber dem Unbekannten abgebaut werden. So könnten behinderte Menschen als vollwertige und gleichberechtigte Mitglieder in unserer Gesellschaft leben.

1.4 Zusammenfassung

Wichtig für uns sind Maßnahmen für eine umfassende Aufklärung der Bevölkerung sowie eine gesetzlich geregelte, qualitative Beratung durch kompetente Institutionen. Die Durchführung genetischer Tests sollte freiwillig durch Humangenetiker aufgrund von vorliegenden Indikationen erfolgen. Genetische Daten gehören einzig und allein dem Betroffenen und dürfen keinem Dritten ohne dessen ausdrücklicher Einwilligung zugänglich sein.

Bei der Abstimmung nach kontroverser Diskussion über die PID stimmten alle Frauen gegen die Einführung der PID. Die Gründe für die Ablehnung sind vor allem Angst vor Missbrauch und die Verschärfung der Diskriminierung von Behinderten. Für die Einführung der PID wurde angeführt, dass

Eltern mit hohem genetischen Risiko ein nichtbehindertes Kind bekommen können und dadurch das Risiko einer Abtreibung minimieren.

Die unreflektierte und unserer Meinung nach zu stark ausgeweitete Anwendung der pränatalen Diagnostik verursacht viele Ängste und Unsicherheiten. Dies liegt unter anderem an mangelnder Aufklärung und einer unbefriedigenden Beratungslage. Es ist uns wichtig, hier eine Verbesserung herbeizuführen.

Die Stellung behinderter Menschen und ihre Integration in unsere Gesellschaft ist uns ein großes Anliegen.

Dresden, den 26. November 2001

IV. Kommentare und Reaktionen – wie sehen Experten das Ergebnis der Bürgerkonferenz?

Sigrid Graumann

1. Die Bürgerkonferenz als Möglichkeit der Selbstbestimmung im gesellschaftlichen Kontext

Wer die Mediendebatte über biomedizinische Themen wie die Präimplantationsdiagnostik, die embryonale Stammzellforschung, aber auch das Humangenomprojekt und die Biopatentierung in der letzten Zeit verfolgt hat, erhielt den Eindruck, dass die Verständigung zwischen Vertretern divergierender Positionen unmöglich sei. Die Pluralität von Interessen, Bewertungen, Überzeugungen, Welt- und Menschenbildern scheint der gesellschaftlichen Verständigung über die Forschung und Anwendung biomedizinischer Techniken entgegen zu stehen. Auch die Bürgergruppe der Bürgerkonferenz betont in der Präambel ihres Votums zur Gendiagnostik die Unterschiedlichkeit der Wertvorstellungen und ethischen Grundhaltungen ihrer Mitglieder, allerdings ohne die Differenzen genauer zu benennen. Als gemeinsame normative Grundlage wird die Unantastbarkeit der Menschenwürde genannt, weshalb der Mensch „kein formbares Objekt von Wünschen und Vorstellungen anderer sein" könne. Diese klare, gemeinsame moralische Grundhaltung erstaunt angesichts der ausgesprochen kontroversen Diskussion über den inhaltlichen Gehalt und den Geltungsanspruch der ‚Menschenwürde' unter Ethikern. Während in der ethischen Fachdiskussion in Frage gestellt wird, ob die ‚Menschenwürde' überhaupt ein sinnvoller Bezugspunkt für die ethische Urteilsbildung ist oder nicht viel mehr eine ‚Leerformel' darstellt, die je nach Kontext beliebig eingesetzt werden kann, scheint die Bürgergruppe hier keine Probleme zu sehen. Sie teilt damit offensichtlich die kantianische Position, die die ‚Würde' des Menschen im Sinne von ‚Wert an sich' zu sein und nicht bloß ‚Wert für etwas anderes' zu haben versteht, und darin das Verbot der Instrumentalisierung des Menschen begründet sieht (vgl. zu dieser Kontroverse die Beiträge in Kettner 2002).

Von Expertenseite wurde der öffentliche Diskurs über biomedizinische Themen immer wieder vehement kritisiert. Ein Vorwurf besagt, dass Diskussionen teilweise strategisch geführt würden oder, dass „unscharfe Begriffe" (z.B. ‚Menschenwürde') verwendet würden (Winnacker 1997). Ein anderer, dass gesellschaftliche Akzeptanz von bestimmten Techniken (z.B. verbreiteter Einsatz der Pränataldiagnostik) mit moralischer Legitimität dieses Einsatzes verwechselt würde und, dass inkonsistent argumentiert würde (Mieth 1997). Zudem wird kritisiert, dass die richtige Verfahrensform zur notwendigen Konsensfindung bislang nicht gefunden worden seien (Honnefelder 1996) oder, dass in der öffentlichen Diskussion eher eine Polarisierung kontroverser Positionen betrieben würde (Wiesing 1998). Schließlich wird angeführt, dass manche Argumentationen stark emotional aufgeladen bzw. Angst besetzt seien (Winnacker 1997).

Vor dem Hintergrund dieser durchaus vielschichtigen Kritik ist bemerkenswert, dass es der Bürgergruppe in Bezug auf die meisten Punkte ihrer Themenstellung gelungen ist, eine konsensuelle Beurteilung des Einsatzes der Gendiagnostik zu formulieren und zu begründen. Eine richtige Polarisierung zwischen Befürwortern und Gegnern der Gendiagnostik lässt sich im Bürgervotum nicht feststellen. Lediglich zur Präimplantationsdiagnostik und zur embryonalen Stammzellforschung wurden zwei divergierende Voten formuliert. Die angeführte Kritik trifft damit offensichtlich auf das Bürgervotum nicht zu.

Die Gendiagnostik wird im Bürgervotum weder grundsätzlich befürwortet noch strikt abgelehnt, sondern differenziert und kritisch betrachtet. Im Zusammenhang mit der postnatalen Gendiagnostik werden Regelungen gegen Missbrauchsmöglichkeiten, wie zum Beispiel gegen die Diskriminierung durch Arbeitgeber und Versicherungen oder gegen staatlich verordnete Zwangsreihenuntersuchungen gefordert. Sie sollte „indikationsbezogen", „nur zu Gesundheitszwecken" und unter strenger Qualitätskontrolle zugelassen sein. In diesen Aspekten entspricht das Bürgervotum verbreiteten Positionen der ethischen Fachdiskussion.

In einigen anderen Punkten zur pränatalen Diagnostik und zur Präimplantationsdiagnostik werden jedoch interessante Unterschiede deutlich: In der ethischen Fachdiskussion zur Pränataldiagnostik wird der Kernkonflikt meist darin gesehen, dass auf der einen Seite das Recht der Frau auf Selbstbestimmung und körperliche Integrität und auf der anderen Seite das Recht auf Leben des Ungeborenen, das gegebenenfalls auf dem Spiel steht, zu berücksichtigen ist. Das Bürgervotum bezieht zu dieser Normenkollision erstaunlicherweise keine Stellung. Im Zentrum der Überlegungen steht hier, dass die Pränataldiagnostik „unreflektiert von zu vielen Frauen in Anspruch genommen" werde. Es würde „suggeriert, dass gesunde Kinder machbar sind." Einerseits gerieten dadurch schwangere Frauen in einen Zwang, die Pränataldiagnostik in Anspruch zu nehmen. Anderseits führe dieser ‚Mythos der Machbarkeit' zunehmend zur Diskriminierung von Menschen mit Behinderungen. Als Maßnahme gegen die Zwänge, denen schwangere Frauen ausgesetzt sind, fordert die Bürgergruppe eine weniger auf Kontrolle ausgerichtete Schwangerschaftsvorsorge, Informationen über das Recht auf psychosoziale Beratung für Schwangere und eine breite Aufklärung der Öffentlichkeit.

Es fällt auf, dass im Namen der Selbstbestimmung der Frau nicht für liberale Regelungen der Praxis der Pränataldiagnostik argumentiert wird, sondern gerade das Gegenteil der Fall ist. Die Bürgergruppe fordert eine bessere Regelung der Beratungspraxis der Pränataldiagnostik, um selbstbestimmte und verantwortliche Entscheidungen im Vorfeld zu ermöglichen und so der Ausweitung der Pränataldiagnostik entgegenzuwirken. Damit bezieht sie sich auf einen kontextualisierten und dennoch normativ starken Begriff von Selbstbestimmung (Haker 2001), wie er in der ethischen Fachdiskussion selten vertreten wird. In der ethischen Fachdiskussion werden derartige politische Eingriffe einer starken Reglementierung oder Pädagogisierung oft unter Bezug auf den Schutz der Privatsphäre des Einzelnen abgelehnt (Sass 1996).

In diesem Zusammenhang sind auch die divergierenden Voten zur Präimplantationsdiagnostik bemerkenswert. Während sich die Mehrheitsposition, die die Zulassung der Präimplantationsdiagnostik in Deutschland ablehnt, vor allem auf die behandlungsbedingten Belastungen für die betroffenen Frauen und die Folgen für die Stellung von Menschen mit Behinderungen in der Gesellschaft bezieht, argumentieren die Befürworter vor allem mit einem „Recht auf Familienplanung" und Zweifeln in Bezug auf ein Lebensrecht des Embryos. Es fällt auf, dass die beiden Argumentationen auf ganz verschiedenen Ebenen angesiedelt sind. Der ablehnenden Gruppe geht es primär um die zu erwartenden individuellen, gesellschaftlichen und kulturellen Folgen der Praxis der Präimplantationsdiagnostik, wie sie für die Pränataldiagnostik bereits feststellbar sind. Ein behindertes Kind wird heute als Schaden verstanden, den es mit der Pränataldiagnostik zu vermeiden gilt. Diese Haltung drückt sich zum einen in der gezielten Suche nach Fehlbildungen des Fötus in der regulären Schwangerschaftsvorsorge und zum anderen in einer, dem entsprechenden internalisierten Rollenerwartung schwangerer Frauen oder sogar in direktem Druck des familiären und sozialen Umfelds aus (Nippert 1999; Schindele 1998). Der befürwortenden Gruppe dagegen geht es um die „verantwortungsvolle Familienplanung" mit Hilfe der Präimplantationsdiagnostik für individuelle Paare. Als ‚verantwortungsvoll' gilt hier offensichtlich, die Schwangerschaft mit einem behinderten Kind zu vermeiden. Genau diese Veränderung des ‚Verantwortungsverständnisses' in Bezug auf die Familienplanung wurde im anderen Votum problematisiert.

Was bei den anderen Themen so gut gelungen zu sein scheint, nämlich die individuelle und die gesellschaftlich-kulturelle Perspektive argumentativ zu vermitteln, schlug hier offensichtlich fehl.

Dennoch scheint mir eine wichtige Botschaft der Bürgergruppe an die Politik darin zu liegen, das Feld der Biomedizin im Hinblick auf die individuellen, gesellschaftlichen und kulturellen Bedingungen und Folgen politisch so zu gestalten, dass die Entwicklungsdynamik der Biomedizin nicht dem Diktat von Individualinteressen im Namen eines verkürzten Verständnisses von Selbstbestimmung überlassen wird.

Literatur

Haker, Hille (2001): Präimplantationsdiagnostik und verantwortliche Elternschaft. In: Graumann, Sigrid (Hg.): *Die Genkontroverse*. Freiburg: 179-184.
Honnefelder, Ludger (1996): Bioethik im Streit. Zum Problem der Konsensfindung in der biomedizinischen Ethik. In: *Jahrbuch für Wissenschaft und Ethik* 1: 73-86.
Kettner, Matthias (2002): *Politik der Menschenwürde*. Frankfurt/M.: (im Erscheinen).
Mieth, Dietmar (1997): Gentechnik im öffentlichen Diskurs: Die Rolle der Ethikzentren und Beratergruppen. In: Elstner, M. (Hg.) (1997): *Gentechnik, Ethik und Gesellschaft*. Berlin/Heidelberg/New York: 211-220.
Nippert, Irmgard (1999): Entwicklung der pränatalen Diagnostik. In: Pichlhofer, Gabriele (Hg.): *Grenzverschiebungen*. Frankfurt/M.: 63-80.
Sass, Hans-Martin (1996): Copernican challenge of genetic prediction in Human Medicine. In: *Jahrbuch für Recht und Ethik* 4, 67-79.
Schindele, Eva (1998): Moderne Schwangerschaften zwischen Machbarkeitswahn und Auslese. In: *Psychosozial* 71, 1, 15-25.
Winnacker; Ernst-Ludwig (1997): Wieviel Gentechnik brauchen wir. In: Elstner, Marcus (Hg.): *Gentechnik, Ethik und Gesellschaft*. Berlin/Heidelberg/New York: 43-55.
Wiesing, Urban (1998): Gene, Krankheit und Moral. In: Düwell, Marcus/Mieth, Dietmar (Hg.): *Ethik in der Humangenetik*. Tübingen: 78-89.

Matthias Kettner

2. Diskursethische Aspekte der Dresdner Konsensuskonferenz

2.1 Epistemische Autorität

Voten sind Stellungnahmen. Welche moralische und epistemische Autorität hat die Stellungnahme von 19 zufällig ausgewählten Bürgerinnen und Bürgern (im Folgenden: die Teilnehmer), in unterschiedlichem Alter und aus verschiedenen Tätigkeitsbereichen kommend, die im Verlauf mehrerer Monate für insgesamt mehrere Tage über strittige Fragen der Gendiagnostik zusammen diskutiert haben?

Unter epistemischer Autorität verstehe ich die Überzeugungskraft der Stellungnahme unter dem Gesichtspunkt, ob und wieweit relevantes Tatsachenwissen – der Kenntnisstand – recherchiert, für die strittigen Punkte nutzbar gemacht und zur Stützung der bezogenen Positionen vernünftig verarbeitet worden ist. Wir sind an Instanzen, die epistemische Autorität besitzen (wie die Wissenschaft) interessiert, insoweit die Probleme, die sich für unser Verständnis stellen und mit denen wir praktisch fertig werden müssen, eine Ursache in der Unsicherheit unseres *Tatsachenwissens* haben.

Soweit ich sehe, ergibt das gewählte Verfahren der Konsensuskonferenz, insbesondere durch die Laien-Experten-Diskussion während des Abschlusswochenendes, keinen Grund anzunehmen, dass die Stellungnahme der Teilnehmer hinter die epistemische Autorität der öffentlichen, über Print- und Bildschirmmedien vermittelten Debatte zurückfällt. Durch die konzentrierte und problemorientierte Diskussion und das Privileg, wissenschaftliche Experten in den Dienst zu nehmen, um Antworten auf Fragen zu finden, die man selbst als die wichtigsten Fragen wahrnimmt, haben die Teilnehmer vermutlich sogar viel durchdachtere und tatsachengesättigtere Auffassungen entwickelt als der durchschnittliche Nutzer von Zeitungs-, Internet-, oder Rundfunkkommunikation. Ob professionell mit denselben Fragen befasste Personen (z.B. die Mitglieder des Nationalen Ethikrats) einen epistemisch detaillierteren Kenntnisstand und anderes Tatsachenwissen verarbeiten, kann ich hier nicht untersuchen, möchte ich aber annehmen.

2.2 Moralische Autorität

Unter der moralischen Autorität eines Moralurteils bzw. einer Stellungnahme in einer moralischen Frage verstehe ich eine bestimmte Beziehung der Übertragung, die zwischen einer urteilenden Instanz und anderen Personen besteht: Moralische Autorität entsteht daraus, dass eine Instanz, die eine bestimmte Zuständigkeit für die moralische Urteilsbildung beansprucht, damit auch beansprucht, dass ihre Urteile (die sie selbst für richtig hält) auf verantwortliche Weise gebildet worden sind und *darum* prima facie Anerkennung (im Sinne eines ‚Für-richtig-Gehaltenwerdens') von Seiten anderer verdienen.

Wir sind an solchen Instanzen interessiert, insoweit die Probleme, mit denen wir klarkommen wollen (z.B. wie bei der Gendiagnostik), auch eine moralische Unsicherheit aufweisen, wie man richtig bewertet und wie dementsprechend unser mögliches Handeln richtig zu normieren sei.

Als moralische Unsicherheit oder Unbestimmtheit möchte ich die Lage bezeichnen, dass wir uns der allgemeinen Nachvollziehbarkeit der Grundlagen von Moralurteilen in neuen Erfahrungsbereichen, die uns (wie derzeit Erfahrungen mit Fortschritten der Biomedizin) besonders wichtig erscheinen, nicht mehr sicher genug sind. Diese Art moralischer Unsicherheit rührt aus der Beschleunigung und der wachsenden Eingriffstiefe sozialer und technischer Neuerungen. Die bewusstmachende Frage ist hierbei, ob wir alles tun und lassen dürfen, was wir tun und lassen können? Hans Jonas Werk über das Prinzip Verantwortung hat genau diese Frage weithin bekannt gemacht. Moralische Unsicherheit hat aber noch einen weiteren Ursprung: In wertepluralistischen oder multikulturellen Gesellschaften wird nämlich die Tatsache offensichtlich, dass selbst unter vernünftigen Menschen nicht nur eine einzige Moralauffassung Platz hat, sondern viele verschiedene. Ethische Begründungs- und Letztbegründungsprogramme können diese Tatsache moralischer Diversität nicht aus der Welt schaffen, sondern sich (und uns) nur möglichst vernünftig auf sie einstellen. Die der moralischen Diversität entspringenden Problemlagen können wir uns gut mit der folgenden Frage bewusst machen: Auf welche anderen Personen und mit welchem Recht darf ich meine bzw. dürfen wir unsere moralischen Urteile und Urteilsgründe übertragen?

Wie steht es nun mit der moralischen Autorität der Bürgerstellungnahme? Die Teilnehmer verbanden mit ihrer Teilnahme die Absicht, (1) nach ihren „eigenen Gewissens- und Moralvorstellungen Stellung" zu beziehen, (2) ihre „Empfehlungen an die Öffentlichkeit zu bringen" und (3) „sie insbesondere an Entscheidungsträger in Politik und Wissenschaft zu richten".

Unser in Moral, Recht und Politik artikuliertes und gegenwärtiges Verständnis einer kommunikativen, d.h. auf die Bildung, Verbreitung und Prüfung von Meinungen bezogenen Freiheit (Meinungsfreiheit) macht die Absichten (2) und (3) vollkommen unproblematisch. Es steht jedem deutschen Bürger frei, Empfehlungen zu veröffentlichen oder direkt an Entscheidungsträger heranzutragen. Soweit es sich bei Empfehlungen um solche handelt, die unter dem spezifischen Gesichtspunkt des moralisch Erlaubten und moralisch Wünschenswerten empfehlenswert sein sollen, darf man von „moralischen Anratungen" sprechen. Individuelle moralische Anratungen haben, als Äußerung einer eigenen persönlichen Meinung, zunächst keinen anderen oder problematischeren Stellenwert in den Sphären öffentlicher Kommunikation als Meinungsäußerungen außermoralischer Art (z.B. Meinungsäußerungen über die Vermögenssteuer oder die Leistungen der deutschen Mannschaft bei der Fußballweltmeisterschaft). Anders steht es mit moralischen Anratungen von Gremien, die aufgrund ihrer institutionellen Verfassung eine vergleichsweise höhere Beachtung in den Sphären öffentlicher Kommunikation (z.B. in den Massenmedien) erfahren, als beliebige Meinungsäußerungen von beliebigen Bürgern.

Unzweifelhaft war die Dresdner Konsensuskonferenz ein solches Gremium. Problematisch ist daher generell das Verhältnis der Absicht (1) zu den Absichten (2) und (3) der Teilnehmer: Wenn eine bestimmte Person, oder, wie in Dresden, eine bestimmte deliberierende[1] Kleingruppe, nach ihren *eigenen* Gewissens- und Moralvorstellungen urteilt, dann haben diese Urteile *persönliche* moralische und sonstige Überzeugungen zur Grundlage. Die Urteilsgründe erscheinen zunächst einmal *nur relativ zu diesen* Überzeugungen (der Teilnehmer) als gute Gründe. Warum sollten *wir* dann aber Anteil nehmen, wenn die Autoren solcher Urteile diese als „Empfehlungen an die Öffentlichkeit" bringen oder „an Entscheidungsträger in Politik und Wissenschaft" richten wollen?

Gründe, sich mit solchen Urteilen auseinander zu setzen (und sich damit auseinander zu setzen, wie sich die adressierten Entscheidungsträger oder die adressierte Öffentlichkeit damit auseinandersetzt) können sich *für uns* daraus ergeben,

- dass wir uns selbst zur adressierten Öffentlichkeit zählen („Bürger beratschlagen sich für Bürger");
- dass wir uns mit der Autorposition identifizieren („im Prinzip hätte auch ich einer der Teilnehmer der Konsensuskonferenz gewesen sein können");
- dass wir zu den adressierten Entscheidungsträgern gehören („in meiner institutionellen Rolle als so-und-so muss ich die Meinungsbildung von Bürgern berücksichtigen"); oder
- dass wir auf eine Weise, die uns nicht gleichgültig sein kann, von den Konsequenzen betroffen sein würden, die sich ergeben, wenn die übrige Öffentlichkeit oder ein wichtiger Entscheidungsträger den Urteilen der nach ihren eigenen Gewissens- und Moralvorstellungen sich beratenden

---

1 ‚Deliberation' (bzw. ‚deliberieren') wird hier im Sinne von „Gemeinsame Beratung über das richtige Handeln" verstanden.

Kleingruppe sich anschließt und diese Urteile dann folgenreich die soziale Realität verändern (etwa indem sie zu rechtlichen, alle Bürger bindenden Regelungen werden – zu einem Verbot von Präimplantationsdiagnostik beispielsweise).

Das Bürgervotum der Konsensuskonferenz ist die Stellungnahme eines kurzfristig zu bestimmten Zwecken offiziell ins Leben gerufenen Gremiums: auf Einladung einer öffentlichen Bildungseinrichtung, dem Deutschen Hygiene-Museum, im Licht eines bestimmten technikethischen und technikpolitischen Programms (partizipative Technikfolgenabschätzung), in einer bestimmten Prozessform (Konsensuskonferenz), über die Experten wachten (der Beirat). Die Erkundung, welche moralische Autorität das Ergebnis dieser Konsensuskonferenz faktisch hat, und welche es vernünftigerweise haben sollte, muss mit einer Verständigung über die moralischen Elemente partizipativer Technikfolgenabschätzung beginnen.

2.3 Partizipation und Deliberation

Partizipative Technikfolgenabschätzung unterscheidet sich spezifisch von allen nichtpartizipativen Formen der Technikfolgenabschätzung durch ihre regulative Idee, dass alle vom Gang der Technikentwicklung betroffenen Menschen, weil und soweit sie *als Bürger* Anspruchsberechtigte (*stakeholders*) sind, an – im weitesten Sinne: technikpolitischen – Entscheidungen beteiligt werden sollten. In Demokratien gibt es gemeinhin drei Hauptformen der Bürgerteilnahme an technikselektiven politischen Willensbildungsprozessen: Den Gerichtsprozess (wenn z.B. Bürger als Grundrechteträger gegen mangelhafte gesetzliche Sicherheitsstandards bei Herstellern von Atomreaktoren klagen), die Lobbytätigkeit (z.B. wenn sich Bürger in Fördervereinen für regenerierbare Energien betätigen) und Auftritte bei öffentlichen Anhörungen (z.B. wenn Bürger als Anwohner in die Standortplanung der nuklearen Wiederaufbereitungstechnologie einbezogen werden). Zum Programm partizipativer Technikfolgenabschätzung gehört die *Erweiterung* dieses Formenkreises. Szenarien-Workshops, Bürgerforen, Zukunftskonferenzen und Zukunftswerkstätten, vor allem aber die in Dänemark schon lange etablierten Konsensuskonferenzen, die inzwischen fast überall in Europa verbreitet sind, bilden die bekanntesten Instrumente aus der *tool box* der partizipativen Technikfolgenabschätzung.[2]

Im Licht des Anspruchs, *außerparlamentarische Deliberation* anzuregen und für die demokratische Politikformulierung nutzbar zu machen, wird die

---

2 Weitere Formen partizipativer Technikfolgenabschätzung habe ich andernorts unterschieden, siehe Kettner 2002.

parlamentarische Demokratie zur deliberativen Demokratie. Der Anspruch vieler Bürgerinnen und Bürger auf Teilnahme an Diskusssionsprozessen über neue, politisch zu regulierende, moralisch sensible Entwicklungen von allgemeiner Bedeutsamkeit (z.b. genetische Diagnostik) ist nur im Rahmen eines Ethos deliberativer Demokratie unmittelbar zwingend. Den Grundgedanken dieses Ethos beschreibt zum Beispiel die Enquete-Kommission zustimmend wie folgt:

„Was alle angeht (...), müssen auch alle entscheiden. Dass die sozialen und ethischen Implikationen der modernen Medizin die Gesamtheit der Bürgerinnen und Bürger angeht, sei nahezu unbestreitbar. Ethische Bewertungen seien gerade nicht an Experten zu delegieren, sondern vielmehr die Angelegenheit der Bürgerinnen und Bürger selbst. Neben dem Bedarf an sachkundiger Politikberatung durch Expertinnen und Experten hat sich daher in der Öffentlichkeit ein Bedarf nach gemeinsamer Beratung der Bürgerinnen und Bürger entwickelt. (...) Demokratische Politik sollte nach Überzeugung der Enquete-Kommission beiden Ansprüchen Rechnung tragen: Sie sollte kompetenten Rat von Expertinnen und Experten einholen *und* die Prozesse der Diskussion und Verständigung unter Politikerinnen und Politikern, Bürgerinnen und Bürgern sowie zwischen diesen nach Möglichkeit ausbauen und unterstützen." (Enquete-Kommission 2002: 180)

Deshalb spricht die Enquete-Kommission *Recht und Ethik der modernen Medizin* von einem doppelten Beratungsbedarf. Zum einen besteht Bedarf nach Beratung durch epistemisch autorisierte Experten. Auf diese Linie hatte sich die klassische Politikberatung spezialisiert. Zweitens aber – und das ist ein vergleichsweise neuer, für partizipative Technikfolgenabschätzung aber charakteristischer Gedanke – besteht Bedarf nach gemeinsamer Beratschlagung jenseits des Parlaments als des klassischen Orts solcher Deliberation.

In der Literatur über partizipative Technikfolgenabschätzung wird immer wieder auf die Diskursethik von Jürgen Habermas oder auf diskursethische Versatzstücke, etwa die „ideale Sprechsituation", hingewiesen. Es gibt auch evidente Zusammenhänge zwischen der diskursethischen Integrität von Prozessen der Technikfolgenabschätzung und der Glaubwürdigkeit ihrer Resultate, die notwendig ist für die Anschlussfähigkeit solcher Prozesse innerhalb demokratisch gültiger *Governance*-Strukturen. Vorstellungen von „diskursiven Verfahren", überhaupt der Begriff des ‚Diskurses', gehören heute zu den Beschwörungsformeln der partizipativen Technikfolgenabschätzung (vgl. Petermann/Coenen 1999). Die Diskurstheorie ist bislang aber noch ihr Stiefkind geblieben – trotz einzelner heroischer Adoptionsanstrengungen (vgl. Skorupinski/Ott 2000).

Die vernetzte Partizipation, so heißt es meistens, soll ‚diskursiv' sein. Das kann in erster Näherung nur heißen: Sie soll *Argumentieren über Geltungsansprüche* darstellen. Aber die Meinungen gehen sehr weit auseinander darüber, wie der Begriff einer spezifischen Diskurs*ethik* anzusetzen oder gar zu operationalisieren sei, und welche Bedeutung der in engerem Sinne ethischen Komponente in Theorie und Praxis partizipativer Technikfolgenabschätzung überhaupt zukommt bzw. zukommen sollte. Partizipative Technikfolgenabschätzung, dies zeigt das Konzept der Konsensuskonferenz besonders deutlich, sucht eine Nähe zum Diskursiven. ‚Konsens' ist die mit anderen geteilte, entweder einwilligende oder ablehnende Stellungnahme zu einem Handlungsvorschlag oder einer Entscheidung, oder, wenn es nur um Urteile und nicht um Entscheidungen geht, die gleichsinnige, entweder rechtgebende oder rechtbestreitende Beurteilung des Geltungsanspruchs eines Urteils.

2.4 Diskursive Macht und Diskursethik

Jede Diskursethik baut auf die Einsicht, dass alle Argumentierenden als solche einen bestimmten Vernunftbegriff teilen (d.h., sich sowie den anderen wechselseitig zuschreiben) und dass dieser Vernunftbegriff eine universalistische Minimalmoral einschließt (vgl. Gottschalk-Mazouz 2000).

Der letztbegründbare Kern der Diskursethik ist die Moral der Verwendung und Ausübung diskursiver Macht (vgl. Kettner 1999, 2001). Mit diskursiver Macht meine ich eine Form von Durchsetzungskraft, die der als vernünftig geltenden Argumentation als solcher innewohnt. Es geht um die absichtsvolle Durchsetzung von Richtigkeitsvorstellungen, die eine Autorität besitzen, welche auf die wechselseitige Anerkennung unter vernünftigen ‚Bewertern von Gründen' angewiesen ist. Als solche vernünftigen Bewerter von Gründen verstehen wir uns ja, wenn wir über strittige Meinungen argumentieren, um zwischen besser und weniger gut begründeten Positionen zu unterscheiden. Diskursive Macht bedeutet also, bestimmte Gründe zu verändern und somit auch das, was wir aus diesen Gründen für gerechtfertigt halten dürfen, zu verändern. Wer zum Beispiel die Argumentation der Dresdner Konsensuskonferenz über die Gefahren der Verwendung prädiktiver Gentests von Arbeitgeberseite folgt und sie überzeugend findet, erhält dadurch guten Grund, ein rechtliches Verbot dieser Verwendung für richtig und wünschenswert zu halten.[3]

Man kann nun zeigen, dass die Ausübung diskursiver Macht dann, wenn es sich bei dem Gegenstand der Argumentation spezifisch um *moralische* Meinungsverschiedenheiten handelt, einer bestimmten Reihe von idealisierten Anforderungen gerecht werden muss.

---

3 Ich finde die Argumentation der Konsensuskonferenz in diesem Punkt keineswegs überzeugend. Das Votum empfiehlt, es dem Arbeit*nehmer* freizustellen, arbeitsplatzbezogene Test zu machen. Diese – anscheinend arbeitnehmerfreundliche – Empfehlung übersieht die moralische Fragwürdigkeit neuer Formen der Konkurrenz um Arbeitsplätze *unter Arbeitnehmern*, die durch freiwilliges Sichtestenlassen möglich werden.

Diskursethische Aspekte der Dresdner Konsensuskonferenz 105

Wie sich die (fünf) idealisierten Anforderungen für einen moralischen Diskurs begründen, kann ich hier nicht darstellen (Kettner 2003). Die Anforderungen lassen sich inhaltlich aber folgendermaßen beschreiben:

(A 1) Vom Verfahren unserer Argumentationsgemeinschaft müssen wir erwarten dürfen, dass alle Beteiligten ihre Bedürfnisse soweit vernünftig artikulieren können, wie sie ihre Bedürfnisse für moralisch relevant halten.

(A 2) Vom Verfahren unserer Argumentationsgemeinschaft müssen wir erwarten dürfen, dass die zwischen den Beteiligten *de facto* bestehenden Machtunterschiede für Beteiligte nicht der Grund sein dürfen, aus dem sie ein Diskursresultat für richtig halten.

(A 3) Vom Verfahren unserer Argumentationsgemeinschaft müssen wir erwarten dürfen, dass die Zumutung von Aufrichtigkeit nicht strategisch eingeschränkt wird.

(A 4) Vom Verfahren unserer Argumentationsgemeinschaft müssen wir erwarten dürfen, dass alle Beteiligten einander zumuten dürfen, nachzuvollziehen, wie eine andere Person einen Bedürfnisanspruch im Horizont ihrer eigenen Moralauffassung artikuliert.

(A 5) Vom Verfahren unserer Argumentationsgemeinschaft müssen wir erwarten dürfen, dass alle, die sich durch ihre diskursive Macht an der Festlegung moralischer Urteile auf gute Gründe beteiligen, hierbei vorwegnehmend berücksichtigen, dass auch die anderen Personen, auf die sie ihre für gut gehaltenen Gründe übertragen, dies tun dürften.

2.5 Moraldiskurs und Bürgervotum

Wieweit die Dresdner Konsensuskonferenz einen Moraldiskurs dargestellt hat, lässt sich nach Maßgabe von A (1-5) einschätzen. Die Einschätzung wird um so gehaltvoller, je dichter die Realität der Argumentationsgemeinschaft ‚Dresdner Bürgerkonferenz' beschrieben und in Beziehung zu den idealisierten Anforderungen gesetzt werden kann. Ich muss mich hier mit einigen Hinweisen begnügen, die ich dem veröffentlichten Votum und dem Resümee der Organisatoren (vgl. auch den Beitrag von Schicktanz und Naumann) entnehme.

Für Kritik, dass die Anforderung A (1) (*vernünftige Bedürfnisartikulation*) nicht hinreichend erfüllt sei, besteht anscheinend kein Grund. Es gab keine erklärten Tabus, keinen Fraktionszwang, keinen Konsenszwang. Ob allerdings jeder Teilnehmer so viel Zeit hatte, dass wichtige Belange nicht erst in Nachgedanken aufgetaucht sind, wäre zu prüfen.

Vermutlich würden die Teilnehmer (oder wir, als kritische virtuelle Teilnehmer) Gründe finden, die Anforderung A (2) (*Neutralisierung von Machtdifferenzen*) für nicht genügend erfüllt zu halten. Denn offenbar war gerade auf der Abschlusskonferenz, als die gemeinsam zu verantwortende Stellungnahme formuliert wurde, der Zeitdruck sehr groß. Daher steht zu erwarten, dass die Lenkung durch den Moderator und vor allem, dass interpersonelle Unterschiede in kommunikativen Fähigkeiten und Fertigkeiten in der differentiellen Bewertung von Gründen stärker zum Ausdruck kommen, als sie es bei einer unvoreingenommenen Betrachtung sollten.

Möglichen Einwänden, die Überlegungen *dieser* Teilnehmer *dieser* Bürgerkonferenz hätten durch die Verstärkung, die ihre Überlegungen durch die Medien (für kurze Zeit) erfahren haben, unzulässig mehr diskursive Macht erhalten als die Überlegungen vieler anderer Bürger oder Gruppen, die über dieselben Fragen nachdenken, sind die Organisatoren des Verfahrens durch die Konstruktion einer *Stichprobe* (aus der Bevölkerung) aus dem Weg gegangen.

Ob A (3) (*nichtstrategische Transparenz*) ersichtlich unzureichend erfüllt war, können die Teilnehmer nur in persönlichem Rückblick beantworten. Von außen ist aber immerhin festzustellen, dass die Organisatoren Vorkehrungen getroffen haben, um Lobbygruppen und Loyalitätskonflikte aus dem Verfahren herauszuhalten.

Ob es Grund gibt, das Verfahren unter der Anforderung A (4) (*moralische Horizontverschmelzung*) zu kritisieren, lässt sich im Ernst nur bei Betrachtung des wirklichen Diskussionsprozesses einschätzen. Das Schlussdokument, das Votum, enthält in der Stellungnahme zur Präimplantationsdiagnostik eine Dissenslinie: Ob zwischen der befürwortenden Teilgruppe und der ablehnenden Teilgruppe die jeweils andere Position bis zu dem Punkt nachvollzogen werden konnte, dass keine gemeinsam weiter bewertbaren Gründe mehr im Spiel waren, ist eine der Fragen, die sich hier stellen. Die Form, Dissense im Votum darzustellen, ist ein erster hilfreicher Schritt, um *Grenzen* der moralischen Horizontverschmelzung sichtbar werden zu lassen. Dies ist wichtig, um überzogene Erwartungen an Konsensbildung zu senken.

Ist die Anforderung A (5) (*Inklusion*) einwandfrei erfüllt? Es ist in diesem Zusammenhang sehr wichtig, dass im Votum der Bürgerkonferenz einige markante und offenbar bei allen konsente Prämissen der Teilnehmer genannt werden. Zu jeder dieser Prämissen, soweit sie klar sind, gibt es aber Alternativen, und wohl auch Bürger, die eher von den Alternativen als von den Prämissen in der Präambel der Dresdner Gruppe überzeugt sind. Zustimmung versus Ablehnung jener Prämissen – diese Trennlinie beschränkt den Kreis derer, auf die die Teilnehmer der Bürgerkonferenz die moralische Autorität, die sie mit ihrer Stellungnahme verbunden sehen wollen, übertragen dürfen.

Die Prämissen der Teilnehmer bilden Überzeugungen wie die folgenden: Die „Wahlfreiheit des Einzelnen darf nicht das Wohl der gesamten Gesellschaft aus dem Auge verlieren." (Bürgervotum, siehe Kapitel III: Präambel) „Die Vielfalt menschlichen Lebens muss in allen ihren Spielarten angenommen werden." (Ebd.) „Bürgerinnen und Bürger haben ein Recht auf Nichtwissen" bezüglich ihrer medizinisch relevanten genetischen Daten. Das „Solidaritätsprinzip" der öffentlichen Krankenversicherung sollte aufrecht erhalten werden.[4] „Unsere Wohlstandsgesellschaft sollte sich auf die Akzeptanz behinderten Lebens besinnen und durch Unterstützung Lebensräume und Le-

---

4   Ebd. Das Prinzip wird in der Stellungnahme nicht weiter erklärt.

bensentfaltungsmöglichkeiten für Behinderte schaffen." (ebd.) „Die einzigartige leibliche Verbindung zwischen der Frau und dem werdenden Kind in der Schwangerschaft braucht eine gute kompetente Begleitung und keine Kontrolle. Es darf nicht sein, dass das ‚guter Hoffnung sein' Ängsten und großem Leid und der ‚Schwangerschaft auf Probe' ausgesetzt ist." (ebd.) „Wir wünschen uns, dass das Heranwachsen eines Kindes im Mutterleib wieder als natürlicher Zustand empfunden wird. Das ist die Voraussetzung für eine harmonische Mutter-Kind-Beziehung, die Vertrauen und bedingungslose Liebe schafft."[5] „Die Stellung behinderter Menschen und ihre Integration in unsere Gesellschaft ist uns ein großes Anliegen." (ebd.) „Genetische Daten gehören einzig und allein dem Betroffenen und dürfen keinem Dritten ohne dessen ausdrückliche Einwilligung zugänglich sein." (ebd.)

Eine Stärke des Votums liegt darin, dass diese Prämissen explizit als Prämissen dieser Gruppe benannt werden, eine Schwäche darin, dass die Rechtfertigungsbeziehungen, in denen die explizit empfehlenden Aussagen des Votums der Gruppe zu diesen Prämissen anscheinend stehen sollen, nur selten so klar sind (jedenfalls im formulierten Votum), dass man sie noch einmal überprüfen (und vielleicht für hieb- und stichfest halten) könnte. Aber hier ist eine Grenze der Form Konsensuskonferenz selbst berührt. Für die Klärungsleistungen in Konsensuskonferenzen sollten wir nicht den Standard weitestmöglicher Klärung anlegen, der dort am Platz ist, wo wir die Klärungsleistungen nationaler und anderer Ethikräte beurteilen, die sich als Expertengremien verstanden wissen wollen.

Die diskursive Wirkung der Dresdner Konferenz kann nur im größeren Zusammenhang ihrer Medienwirklichkeit angemessen beurteilt werden. Die Einschätzung des Verfahrens im engeren Sinne, wie ich es hier versucht habe, ist hierzu nur ein erster Schritt. Eine weitere Untersuchung hätte zu verfolgen, was aus den Überlegungsresultaten der Teilnehmer in der Wirklichkeit der Massenmedien geworden ist.

Literatur

Gottschalk-Mazouz, Niels (2000): *Diskursethik. Theorien, Entwicklungen, Perspektiven.* Berlin.
Kettner, Mattias (2001): Moralische Verantwortung als Grundbegriff der Ethik. In: Niquet, Marcel/Herrero, Francisco Javier/Hanke, Michael (Hg.): *Diskursethik – Grundlegungen und Anwendungen.* Würzburg: 65-94.
Kettner, Matthias (2002): Gibt es in Deutschland partizipative Technikfolgenabschätzung zur Stammzellforschung? In: Hauskeller, Christine (Hg.): *Humane Stammzellen. Therapeutische Optionen, ökonomische Perspektiven, mediale Vermittlung.* Lengerich.

---

5 Ebd. Ob der Wunsch, die Mutter-Kind-Beziehung (wo bleiben eigentlich die Väter?) möge eine Beziehung bedingungsloser Liebe sein, auf eine romantische Idealisierung zurückgeht, muss hier undiskutiert bleiben.

Kettner, Mattias (1999): Neue Perspektiven der Diskursethik. In: Grunwald, Armin/Saupe, Stephan (Hg.): *Ethik technischen Handelns. Praktische Relevanz und Legitimation.* Heidelberg: 153-196.

Kettner, Mattias (2003): *Diskursethik. Moralische Vernunft in der Praxis.* Frankfurt/M. (im Erscheinen).

Petermann, Thomas/Coenen, R (Hg.) (1999): *Technikfolgenabschätzung in Deutschland. Bilanz und Perspektiven.* Frankfurt/M./New York.

Skorupinski, Barbara/Ott, Konrad (2000): *Technikfolgenabschätzung und Ethik – Eine Verhältnisbestimmung in Theorie und Praxis.* Zürich.

Claus Leggewie

3. Modernes Regieren mit Kommissionen und Bürgerkonferenzen

In schwierigen Fällen (und das sind heute fast alle) holt die Politik sich Rat (vgl. Hennis 2000; Murswieck 1994). Das Parlament möchte gute Gesetze verabschieden, die Regierung nachhaltige Entscheidungen treffen, die im Zweifelsfall auch in Karlsruhe vor dem Bundesverfassungsgericht Bestand haben. Deshalb ziehen beide Verfassungsorgane Experten heran und versuchen, deren Fachverstand in politischen Sachverstand umzumünzen. Merkmal der Politikberatung ist freilich (mehr denn je), dass man zu jeder Expertise eine nicht minder überzeugende Gegenexpertise bekommt. Was die einen aus ihrer fachlichen Sicht für absolut zwingend und auch politisch geboten erachten, weisen die anderen mit der gleichen Entschiedenheit zurück. Oft sind die Entscheidungsträger deshalb „so klug als wie zuvor". Die einzig richtige Lösung, das alte Mantra der Technokratie, gibt es in der heutigen „Weltrisikogesellschaft" ohnehin nicht mehr (Beck 1986; Hitzler 1994; vgl. auch den Beitrag von L. Hennen). Gleichwohl werden in allen modernen Demokratien Expertenkommissionen eines neuen Typs, so genannte Ethikräte, eingerichtet, die sich über bioethische Fragen (wie zum Umgang mit der Genomanalyse, der Fortpflanzungsmedizin, der Pränatal- und Präimplantationsdiagnostik, der Sterbehilfe, der Xenotransplantation, der Forschung an nichteinwilligungsfähigen Menschen, der Stammzellforschung, dem Klonen etc.)[1] beraten und Empfehlungen für den Gesetzgeber und die öffentliche Meinungsbildung angeben sollen. Was bringt vor diesem Hintergrund die Demokratisierung von Expertise (Saretzki 1997), also die systematische Heranziehung von Bürgerverstand, und in welchem Verhältnis stehen institutionalisierte Regierungsberatung und öffentliche Deliberation?

---

1   Dazu: *Aus Politik und Zeitgeschichte*, B 6/1999 und B 27/2001 sowie Geyer 2001a; Graumann 2001.

3.1 Überforderte Parlamente?

Der Deutsche Bundestag hatte vor kurzem zu entscheiden, wie sich die Bundesrepublik in der Frage des Stammzellenimports verhalten soll und ob dazu eine Novellierung des Embryonenschutzgesetzes angebracht sei. Die verbrauchende Embryonenforschung drängte seit Monaten darauf und malte atemberaubende Fortschritte der Medizin aus, beziehungsweise Rückschläge für den Standort Bundesrepublik an die Wand; dabei wuchs die Beunruhigung der breiten Öffentlichkeit, genährt durch Zeitungs- und Fernsehberichte über Klon-Experimente und Horrorszenarien der Eugenik.

Zwei konkurrierende Experten-Gremien kamen zu lehrbuchartig konträren und in sich gespaltenen Positionen. Vierzehn Mitglieder des Nationalen Ethikrates, den der Bundeskanzler im Mai 2001 ins Leben gerufen hatte, sprachen sich für, acht gegen einen zeitlich befristeten Import embryonaler Stammzellen aus. In der schon zu Beginn der Legislaturperiode vom Deutschen Bundestag eingesetzten Enquete-Kommission *Recht und Ethik der modernen Medizin* votierte eine Mehrheit gegen den Import menschlicher embryonaler Stammzellen zu Forschungszwecken. Eine bestimmte Empfehlung gaben beide Gremien nicht; jeder Abgeordnete müsse „seine eigene Gewissensentscheidung treffen", so die Vorsitzende der Enquete-Kommission, Margot von Renesse.

Sind die Abgeordneten des Deutschen Bundestages und auch das Gremium an sich mit einer solchen Entscheidung überfordert? Ins Parlament gehört die Entscheidung zweifellos, weder Moraltheologen noch Biotechnologen können sie den Volksvertretern abnehmen. Wie sich der Bundestag mit dem Parlamentsvorbehalt das Recht reserviert hat, über Krieg und Frieden zu entscheiden, können auch Fragen nach Leben und Tod, welche die rasanten Fortschritte der Medizin und Naturwissenschaft aufwerfen, nicht der Weisheit eines Ministeriums oder des Kabinetts überlassen bleiben.

3.2 Modernes Regieren?

Der Glaube, Expertenherrschaft sei ‚der Sache' dienlicher als die angebliche ‚Laienschar' der Berufspolitiker im Bundestag, ist noch weit verbreitet, aber längst widerlegt. Politische Entscheidungen in pluralistischen Gesellschaften haben mehr in Rechnung zu stellen als nur das technisch Mögliche und Machbare. Neue Formen des Regierens werden diskutiert und erprobt, um der Komplexität kollektiv verbindlicher Entscheidungen gerecht zu werden (Korte 2002; Werle/Schimank 2000). Vor allem die Staats- und Regierungschefs der linken Mitte, die in den neunziger Jahren ins Amt gewählt wurden, trafen sich zu Konferenzen über *Modernes Regieren im 21. Jahrhundert*. Mit

Formeln vom schlanken und „ermutigenden Staat" signalisierte die linke Mitte zwischen Washington und Berlin, dass sie Effizienz und Partizipation, d.h. die *Input-* und *Output*-Legitimität demokratischen Regierens erhöhen und ausbalancieren wollten. Wissenschaftler, die zu den Arbeitsgruppen und Plenarveranstaltungen solcher Konferenzen eingeladen waren, verließen sie mit gemischten Gefühlen: Einerseits konnten sie sich als Souffleure der Mächtigen fühlen, andererseits erlebten sie, wie ihre ohnehin schon stark vereinfachten Beiträge auf der Strecke vom Konferenz-Paper ins (längst fertige) Kommuniqué beträchtlich an Differenziertheit einbüßten.

Eine spezielle Form modernen Regierens nimmt aber jetzt Kontur an: die *Symbiose von politischen Eliten, Mediensystem und Experten* (siehe Schaubild 1).

Schaubild 1: Kommissionsregieren in der Kanzlerdemokratie – am Beispiel des Nationalen Ethikrates (NER)

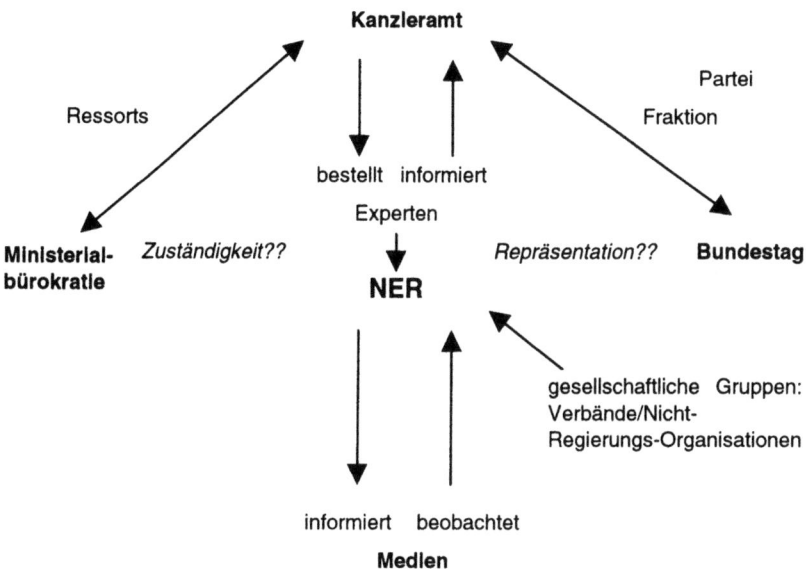

Auch die ‚Berliner Republik' wird mit Hilfe einer Vielzahl von Kommissionen regiert. Es wird nach Meinung vieler Beobachter weniger in den Ausschüssen und im Plenum der Volksvertretung gearbeitet, gestritten und beschlossen als vielmehr in informellen Gremien, die der Exekutive zuarbeiten und die Inszenierung von Politik in den Medien bestimmen. Solche Nachrichten vom Ableben des Parlamentarismus sind (wie schon so oft) verfrüht, aber die Tendenz zur präsidentiellen Kanzlerdemokratie verdient Aufmerksamkeit. Bis vor kurzem wurden *Royal Commissions*, mit denen das britische Parlament unabhängigen Sachverstand heranzieht, bei uns noch schmerzlich vermisst. Nicht, dass hiesige Experten nichts zu sagen hätten: Der Sachverständigenrat zur Begutachtung der wirtschaftlichen Lage, kurz *Rat der Weisen* genannt, macht wenigstens einmal jährlich mit Prognosen und Einschätzungen von sich reden; fast alle Ministerien vom Umwelt- über das Familienbis zum Bildungsressort haben sich ähnliche Gremien zugelegt, die dauerhaft oder auf Zeit tagen. Auch der Bundestag holt sich mittels Enquete-Kommissionen Expertenrat, zuletzt zu *Neuen Formen bürgerschaftlichen Engagements*, nachdem in den vorangegangenen Legislaturperioden Gegenstände wie Kernenergie, Gentechnologie und Neue Medien, demographischer Wandel und Bildungsreform, AIDS-Bekämpfung und „sogenannte Sekten und Psychogruppen" auf der Tagesordnung standen. Am Zuschnitt der Themen sieht man, dass es meist um elementare Probleme der Risikogesellschaft geht, deren Lösung sich der Bundestag nicht allein zutraut.

Schröders postmodern genannter Regierungsstil geht einen Schritt weiter. Nach dem Vorbild der US-Administration scharte er eine Reihe Sonderberater um sich und versammelte, vor allem im ‚Bündnis für Arbeit' und beim ‚Energiekonsens', ausgesuchte Fachleute und Vertreter gesellschaftlich relevanter Gruppen an einen Tisch. Die Runden Tische (ein semantisches Überbleibsel der Wende in Polen und der DDR) sollten dreierlei bewirken: Erstens den formalen Eindruck von Aktivität ("die tun was"), zweitens die Regierungsfraktionen vor halb vollendete Tatsachen stellen, drittens die zu erwartende Kritik anderer Experten neutralisieren. Das geschah unter anderem dadurch, dass an die Spitze dieser Kommissionen angesehene Politiker der Opposition wie Rita Süßmuth und Richard von Weizsäcker (Vorsitzender der Wehrstrukturkommission zur Reform der Bundeswehr) berufen wurden. Experten herrschen damit nicht im entferntesten, aber Kanzler und Minister regieren mit Hilfe dieses technokratischen Beiwerks unangefochtener.

Die personelle Zusammensetzung der Kommissionen erinnert freilich – genau wie das Bündnis für Arbeit – an den Neokorporatismus der siebziger Jahre, der parlamentarische Entscheidungen in Verhandlungsnetzwerke verlagerte, die sich vor allem aus mächtigen, gut organisierten Interessenverbänden sowie als ‚gesellschaftlich relevant' angesehenen Gruppen zusammensetzten, ohne damit die gebotene Breite der Repräsentation sozialer Interessen zu erreichen. So waren auch in der von Bundesinnenminister Schily einberufenen ‚Unabhängigen Kommission Zuwanderung' die beiden christlichen Konfessionen und der Zentralrat der Juden vertreten, nicht aber Muslime. Und man hatte nur zwei kompetente Wissenschaftler – einen Demographen und einen Juristen – einbezogen, aber keine Nicht-Regierungs-Organisationen und Sprecher der Einwanderer selbst. Zudem tagte die Kommission hinter verschlossenen Türen. Es muss einer empirischen Analyse überlassen bleiben, wie in diesem Gremium Erkenntnisse, Dispute und Kompromisse prozessiert wurden und vor allem, in welcher Form sie in den Willensbildungsprozess der Ministerialbürokratie, der Bundesregierung und des Gesetzgebers Eingang gefunden haben – oder ob es sich hier vielmehr um eine folgenlose Inszenierung für die ‚Mediengesellschaft' gehandelt hat.

Vermeintliche oder tatsächliche Probleme der parlamentarischen Demokratie angesichts der Risiken technischen und sozialen Wandels sollen in modernen Verhandlungsdemokratien also durch Ansätze von ‚Kommissionsregieren' kompensiert werden, was am Beispiel des Nationalen Ethikrates (NER) jetzt exemplarisch betrachtet werden soll.

3.3 Ethikräte und Kommissionen im Vergleich

Weit stärker als etwa die Bundeswehr- und die Zuwanderungs-Kommissionen oder auch das ‚Bündnis für Arbeit' wurden seitens des Parlaments und der Publizistik Legitimationszweifel am, im Jahr 2001 für (zunächst) vier Jahre bestellten Nationalen Ethikrat laut (vgl. Leggewie 1999; Baecker 1999). Seine 25 Mitglieder sollen die interdisziplinäre Debatte im Bereich der ‚Lebenswissenschaften' von Naturwissenschaften und Medizin, Theologie und Philosophie, Rechts- und Sozialwissenschaften zusammenführen, die gesellschaftliche Debatte bündeln und den Bürgern Diskussionsangebote unterbreiten; vor allem aber soll er Exekutive und Legislative beraten und Empfehlungen für die Gesetzgebung aussprechen. Mindestens einmal jährlich soll er den Bundeskanzler über den Stand der gesellschaftlichen Debatte informieren und dabei den internationalen Diskurs über bioethische Fragen einbeziehen und befördern. Die Bundesrepublik Deutschland richtet solch ein Beratungsgremien vergleichsweise spät ein.[2] Frankreich richtete auf Initiative des Staatspräsidenten ein *Comité Consultatif National d'Ethique pour les Sciences de la Vie et de la Santé* schon 1983 ein und verankerte es 1994 gesetzlich beim nationalen Forschungsinstitut INSERM. Es folgten bis 1990 ähnliche Einrichtungen auf Initiative des Parlaments oder/und der Regierung in Schweden, Dänemark, Luxemburg, Italien, Norwegen, Portugal, später dann unter anderem in Großbritannien (das *Nuffield Council on Bioethics* 1991, auf Initiative privater Stiftungen) und in den Vereinigten Staaten von Amerika (die *National Bioethics Advisory Commission*, beim Präsidenten) (Fuchs 2001). Ferner besteht bei der Europäischen Union eine *Groupe Européen d'Ethique* in Brüssel. Diese Gremien unterscheiden sich nicht nur im Hinblick auf ihre institutionelle (und räumliche) Anbindung und den gesetzlichen Auftrag, sondern auch nach dem Grad ihrer Autonomie bzw. Weisungsgebundenheit sowie nach der Art und Weise, wie und an welcher Stelle auf Gesetzgebungsverfahren Einfluss genommen wird.

---

2 Zu berücksichtigen ist allerdings die beim Bundesgesundheitsministerium eingerichtete Kommission, die mit der Berufung des NER ihre Arbeit einstellte

Die Differenz der nationalen Politik- und Wissenschafts-Kulturen kann man auch daran erkennen, wie die Öffentlichkeit jeweils angesprochen und einbezogen wird, und ob solche Kommissionen eher mit *Agenda-setting* Anstöße geben oder Fragestellungen aufgreifen, die in der Gesellschaft bereits diskutiert wurden. Am heikelsten ist die Frage, wie sich die Räte oder Kommissionen zusammensetzen; alle Mitglieder beanspruchen, unabhängig von wirtschaftlichen Interessen zu sein und als Gesamtgremium das plurale Spektrum der bioethischen Positionen zu repräsentieren. Abstimmungen gibt es in der Regel nicht, wohl aber die Darlegung von Mehrheitspositionen und Minderheitenvoten. Der NER reagierte auf gesetzgeberische Handlungserfordernisse in der Frage des‚Stammzellen-Imports', die wiederum durch den Druck einzelner Forscher und der Deutschen Forschungsgemeinschaft entstand. Die Initiative zu einer weiteren Beratungsinstanz neben der schon bestehenden Enquete des Bundestages und dem Beratungsgremium beim Bundesgesundheitsministerium kam aus der Exekutive und einem kleinen Kreis sozialdemokratischer Wissenschafts- und Kulturpolitiker. Sie kam für die Öffentlichkeit und die Medien überraschend und wurde überwiegend skeptisch bis ablehnend betrachtet. Christian Geyer (2001b) bezeichnete den NER als „ein Gremium der Anmaßung", das als Nationales höchstens vom Parlament hätte einberufen werden dürfen und nicht von einer parteilich gebundenen Regierung. Im Übrigen verdecke ein „mit hohen Erwartungen befrachtetes Gremium" die Tatsache, dass es in ethischen Dingen keinen Expertenstatus gibt. Die professionellen Ethiker, Theologen und Moralphilosophen mögen sich darauf verstehen, moralisches Bewusstsein zu kommunizieren. Aber in der Kompetenz, moralisch zu urteilen und zu handeln, steht ihnen kein Bauer und kein Politiker nach." Und der frühere Kulturstaatsminister Michael Naumann taufte den NER nach seinem Ausscheiden aus dem Bundeskabinett kurzerhand einen „pharmazeutisch-industriellen Legitimationsrat".

Auf die Zusammensetzung, Arbeitsweise und Resultate des NER kann man derzeit noch nicht eingehen, da empirische Studien fehlen und sich der Rat der Öffentlichkeit bislang nicht sonderlich geöffnet hat. Herausgekommen ist auf Grundlage einer mehrmonatigen Beratung, die vier Optionen zugelassen hatte, die mehrheitliche Empfehlung, „einen befristeten und an strenge Bedingungen gebundenen Import embryonaler Stammzellen zuzulassen". Im Anschluss daran hat der NER die Diskussion um Präimplantationsdiagnostik und Bio-Banken aufgenommen. Weitgehend unabhängig davon führte der Deutsche Bundestag im Frühjahr 2002 eine auf hohem fachlichem und parlamentarischem Niveau stehende Debatte um Embryonenschutz und Stammzellen-Import, die in ein Gesetz mündete, das als schonender Kompromiss bezeichnet werden kann, aber vermutlich von begrenzter Haltbarkeit ist.

3.4 Bürgerkonferenzen und direkte Partizipation

Kann man noch einen Schritt weitergehen und postulieren, dass nicht nur die Abgeordneten das letzte Wort behalten, sondern das Volk, die Bürgerinnen und Bürger, stärker mitsprechen dürfen als bisher? Den Normen partizipatorischer Demokratie wäre das selbstverständlich, aber in den Augen von Experten, politischen Eliten und gut informierten Bürgern ist die Einbeziehung des ‚Menschen auf der Straße' eher ein Ärgernis – man befürchtet, dass Entscheidungsprozesse unnötig verkompliziert und sinnlos verzögert werden. Veranstaltungen der ‚TED-Demokratie', wie man oberflächliche Show-Veranstaltungen im Fernsehen genannt hat, unterstützen diese Sorge. Es gibt jedoch Beteiligungsformate, zum Beispiel Bürgerkonferenzen der verschiedensten Art (Leggewie/Bieber 2001), in denen sich die Meinung der Bürgerinnen und Bürger differenzierter bilden und artikulieren kann (siehe Schaubild 2).

Schaubild 2: Bürgerkonferenzen in der deliberativen Demokratie

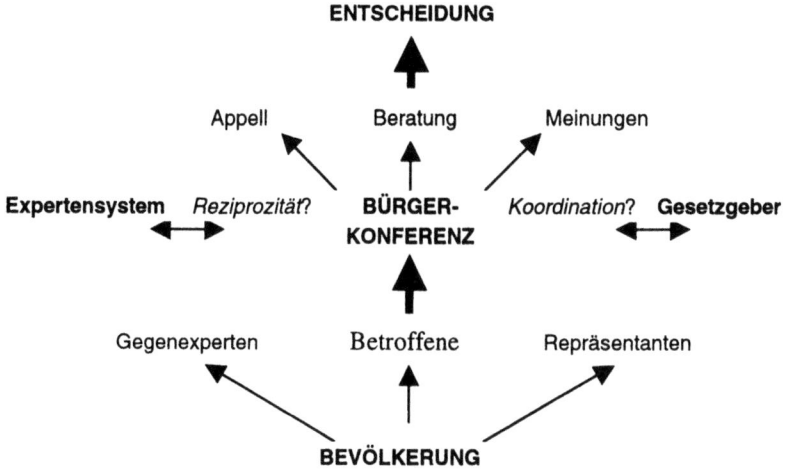

Dass man davon selbst schwierige Materien wie die Gendiagnostik nicht ausnehmen muss, beweist das ausbaufähige Experiment des Deutschen Hygiene-Museums in Dresden im Herbst 2001. Es initiierte eine ‚deliberative Meinungsumfrage', die nicht auf die rasche, einmalige Abfrage vorgefertigter Meinungen angelegt war. Vielmehr wurden aus einer repräsentativen Zufallsauswahl von Einwohnern neunzehn interessierte Laien ausgewählt, die ihr Votum zur Präimplantationsdiagnostik (PID), zur Pränataldiagnose und den Gentests zur Prävention abgaben. Sie taten dies nicht in der medialen Sturzgeburt einer Ja/Nein-Abstimmung wie bei ‚TED-Umfragen' oder per

Mausklick, sondern nach gründlicher Information über diverse Teilaspekte, auch mit Hilfe eines Experten-*Hearings*. Was seit Monaten kontrovers in den Feuilletons und auf Podien diskutiert wurde, erreichte damit erfolgreich den ‚einfachen Bürger'.

Beteiligungsformate wie dieses erlauben eine selbstbestimmte und gründliche Debatte, die in den elektronischen Medien aufgrund der ihnen eigenen Selektionskriterien und Präsentationsformate kaum gegeben ist. Man sollte solche direkten Beteiligungsverfahren nicht als Spielwiese abtun, nur weil sie auf die Entscheidung des Bundestages wenig Einfluss haben. Erfahrungen mit Bürgervoten in anderen Ländern zeigen, dass man sie näher an den politischen Entscheidungsprozess und an die Entscheidungskommunikation anbinden kann. Für solche Veranstaltungen spricht auch, dass – ganz unabhängig vom Diktum moralischer Autoritäten und vom Votum des Gesetzgebers – jedes Paar mit Kinderwunsch und jeden anderen auch solche bioethische Fragen vor höchst prekäre und existenzielle Entscheidungen stellen. Medizinische Möglichkeiten und Gesetzeslage stecken nur den Rahmen ab; im Zeitalter der ‚Risikokommunikation' muss am Ende jedoch tatsächlich jede und jeder für sich entscheiden. Dies ist eine Folge der Säkularisierung und Demokratisierung moderner Gesellschaften, da zum einen über Bildung, Massenmedien und Ratgeber mehr Wissen an alle verteilt und wissenschaftlichem Wissen einen erheblichen Stellenwert in Alltagsdiskursen verliehen wird und zum anderen Glaubensinstanzen von Gott und Kirchen ihre moralische Autorität eingebüßt haben. Dies hat nicht zum vielbeschworenen Werteverlust geführt, sondern zu einem unübersichtlichen und höchst diffizilen Wertepluralismus.

Über Wertentscheidungen in aller Breite zu kommunizieren, ist schwer und zeitaufwendig. Die Massenmedien verwirren eher in der bioethischen Debatte mit vereinfachten, eher am *Infotainment* ausgerichteten Alternativen zwischen ‚absolutem Lebensschutz' einerseits und ‚totaler Forschungsfreiheit' andererseits. Die dagegen auf erfreulich hohem Niveau geführte Debatte in Zeitungen und Büchern ist gewiss nützlich, sie wird aber von Stellvertretern und Meinungsführern ausgetragen. Für den bürgerlichen Alltag sind solche Abhandlungen weder geschrieben noch aufbereitet.

Regieren durch Diskussion – dieses alte, wichtige Prinzip liberaler Demokratie – betrifft nur vordergründig die Akzeptanz von Entscheidungen; es geht dabei letztlich um die höhere Legitimität und Qualität des Ergebnisses. Die Annahme, dass Angelegenheiten, die in der Bürgergesellschaft entscheidungsnah vorbesprochen sind, nicht nur besser akzeptiert werden, sondern auch besser und nachhaltiger sind, mag kühn erscheinen. Aber so existenzielle Fragen, wie sie die Gendiagnostik für alle aufwirft, sind nicht nur mit dem eigenen Gewissen abzumachen, sie bedürfen der ständigen öffentlichen Auseinandersetzung und Begutachtung.

3.5 Zukunft der Partizipation: Virtuelle Bürgerkonferenzen?

Leider haben die Ethikräte von Exekutive und Legislative einen diskursiven Anschluss der Bürgergesellschaft bisher kaum vorgesehen. So ist zum Beispiel die Webseite des NER (www.ethikrat.org) bei weitem nicht auf der Höhe des eigenen Anspruches, nicht nur *in*, sondern auch *mit* der Öffentlichkeit zu arbeiten. Auch das Diskussionsforum des Bundestages war relativ schwach frequentiert und hat schließlich seine Tätigkeit eingestellt. Hervorragend geeignet dazu wäre ein anspruchsvolles und gut moderiertes Online-Forum, in welchem auch der ‚gemeine Bürger' behutsam (und auf dem letzten Stand der Informationstechnik) mit den ‚Informationseliten', also mit dem gut informierten Laien, der *scientific community* und mit den Beratungs- und Entscheidungsgremien des politisch-adiministrativen Systems vernetzt wird. Die neuen, interaktiven Medien mit ihrer flexiblen Architektur bieten prinzipiell die Chance für eine echte Debatte, die bürgernah *und* anspruchsvoll ist. In Deutschland behandelt man das Internet meist wie ein konventionelles Verteilmedium, in das man ‚Informationen stellt' (zum Beispiel: Stellungnahme des NER vom 20. Dezember 2001 zum Import menschlicher embryonaler Stammzellen). Mit immensen Kosten wird auf diese Weise nur digitales Glanzpapier hergestellt. Das bisher weitgehend unausgeschöpfte Potenzial der Neuen Medien liegt in der interaktiven Kommunikation. Ihre flexible Architektur erlaubt, unterschiedliche Informationsstände und Nutzungsgrade zu verbinden, eine offene Informations-Infrastruktur zu schaffen und multimedial zu operieren. Interaktivität (i.e. permanente ‚Rückkanal-Fähigkeit') und Speicherkapazität erlauben damit eine nachhaltige und individualisierte Kommunikation. Damit können folgende Zielgruppen erreicht werden:

- die weitere Öffentlichkeit (‚Mensch auf der Straße')
- die engere Öffentlichkeit (der ‚gut informierte Bürger')
- die akademisch-wissenschaftliche Gemeinschaft
- die Beratungs- und Entscheidungsinstanzen des politisch-administrativen Systems
- und bei Bedarf: die interne, geschützte Kommunikation der Ethikräte

Die Architektur eines Online-Diskurses zu bioethischen Fragen geht aus Schaubild 3 hervor. Das Erfolgsgeheimnis von Online-Diskursen besteht in der optimalen Verbindung von Reichweite (Massenkommunikation) und Intensität (moderierte, zum Teil iterative Foren mit wenigen Dutzend Teilnehmern) sowie in der Kombination von Stetigkeit und Ereignisinszenierung. Eine so gestaltete Kommunikationsplattform weist unterschiedliche Grade an sachlicher (Thematik) und personeller Strukturierung (Moderation) auf. Sie reicht von *FAQ's* (häufig gestellten Fragen), Glossar und komplexeren Erklärfunktionen über offene *Chats* und Diskussionsforen bis hin zu spezialisierten Fachdiskursen. Zu den diskursiven und interaktiven Komponenten treten Archivierungs- und Speicherfunktionen (Datenbank, Infothek). Auch die Vernetzung mit einschlägigen Initiativen politischer Institutionen (Bundesregierung, Bundestag, Enquete-Kommission) und der Zivilgesellschaft ist hier leicht möglich.

Schaubild 3 Netzarchitektur eines virtuellen Online-Diskurses zur Bioethik: Zielgruppen und Kommunikationsformate

	Mensch auf der Straße	Gut informierter Bürger	Wissenschaftler	Politiker (intern)
Frage-Antworten-Übersichten (sog. FAQ) & Webseiten	X	X		X
Chat	X	X	X	X
Lehr/Lernumgebung		X	X	
Moderiertes Forum	X	X	X	X
Virtuelles Hearing		X	X	X
Publikation im Medienverbund			X	
Bürgerkonferenz	X	X	X	X
Intranet				X

3.6 Fazit

Die parlamentarische Demokratie wird durch riskante Entscheidungen in komplexen Materien herausgefordert. Zugleich bewirken Merkmale und Begleitumstände der Mediendemokratie eine unzuträgliche Vereinfachung und Polarisierung der politischen Agenden. In dieser Situation liegt die Versuchung nahe, durch den Einsatz mediennaher Experten-Kommissionen die langwierigen Prozeduren der repräsentativen Demokratie zu umgehen und ‚Chefsachen'-Politik zu betreiben. Eine verantwortungs- und selbstbewusste Bürgergesellschaft kann einen solchen Verlust öffentlicher Deliberation nicht hinnehmen. Sie sollte versuchen, in enger Bindung an ihre Volksvertretung Foren ‚deliberativer Demokratie' zu schaffen und dazu auch auf die Potenziale der neuen, interaktiven Medien zurückgreifen. (Macedo 1999; Fishkin 1995; Barber 1998)

Literatur

Baecker, Dirk (1999): Ein korporatives Projekt gegen den Korporatismus. In: Arlt, Hans-Jürgen/Nehls, Sabine (Hg.): *Bündnis für Arbeit. Konstruktion – Kritik – Karriere.* Opladen: 249ff.

Barber, Benjamin R. (1998): A Place for Us: How to Make Society Civil and Democracy Strong. New York.

Beck, Ulrich (1986): *Risikogesellschaft. Auf dem Weg in eine andere Moderne.* Frankfurt/M.

Fishkin, James S. (1995): *The Voice of the People: Public Opinion & Democracy.* New Haven.

Fuchs, Michael (2001): Ethikräte im internationalen Vergleich. Modelle für Deutschland? *Arbeitspapier* herausgegeben von der Konrad-Adenauer-Stiftung. St. Augustin 12/2001.

Geyer, Christian (2001a): *Biopolitik. Die Positionen.* Frankfurt/M.

Geyer, Christian (2001b): In: *Frankfurter Allgemeine Zeitung*, 3.5.2001

Graumann, Sigrid (Hg.) (2001): *Die Genkontroverse.* Freiburg.

Hennis, Wilhelm (2000): Rat und Beratung im modernen Staat. In: ders.: *Politikwissenschaft und politisches Denken.* Tübingen: 161-176 (zuerst 1963).

Hitzler, Roland u.a. (Hg.) (1994): *Expertenwissen. Die institutionalisierte Kompetenz zur Konstruktion von Wirklichkeit.* Opladen.

Korte, Karl-Rudolf (2002): Regieren in Mediendemokratien: Regierungssteuerung der Staats- und Regierungschefs im Vergleich. In: Schatz, Heribertz u.a. (Hg.): *Politische Akteure in der Mediendemokratie.* Wiesbaden: 21-40.

Leggewie, Claus (1999): Böcke zu Gärtnern? Das Bündnis für Arbeit im Politikprozeß. In: Arlt, Hans-Jürgen/Nehls, Sabine (Hg.): *Bündnis für Arbeit. Konstruktion – Kritik – Karriere.* Opladen: 13-24.

Leggewie, Claus/Bieber, Christoph (2001): Interaktive Demokratie. Politische Online-Kommunikation und digitale Politikprozesse. In: *Aus Politik und Zeitgeschichte.* B 41-42/2001, S. 37-45.

Macedo, Stephen (Hg.) (1999): *Deliberative Politics. Essays on Democracy and Disagreement.* New York.

Murswieck, Axel (Hg.) (1994): *Regieren und Politikberatung.* Opladen.

Saretzki, Thomas (1997): Demokratisierung von Expertise? Zur politischen Dynamik der Wissensgesellschaft. In: Klein, Ansgar/Schmalz-Bruns, Rainer (Hg.): *Politische Beteiligung und Bürgerengagement in Deutschland.* Bonn.

Werle, Raymund/Schimank, Uwe (Hg.) (2000): *Gesellschaftliche Komplexität und kollektive Handlungsfähigkeit.* Frankfurt/M.

V. Anhang

Was ist Gendiagnostik? Überblick und Glossar

1. Einleitung

Menschen sind verschieden. Ihre Eigenschaften sind sozial und kulturell bedingt, aber auch genetisch mitbestimmt.

Gendiagnostik ist die Untersuchung der genetischen Veranlagungen eines Menschen. Bei einem Gentest wird nach einer genetischen Veränderung gesucht, die mit einer Krankheit in Verbindung gebracht werden kann. Bei Erwachsenen können diese Informationen aus den weißen Blutkörperchen gewonnen werden.

Bei der Entstehung von Krankheiten können Gene ebenfalls eine Rolle spielen. Nur wenige Krankheitsursachen können auf ein einziges Gen zurückgeführt werden und lassen sich in ihrem Verlauf kaum beeinflussen. Andere Störungen werden durch Umwelteinflüsse und Lebensweise ausgelöst, wobei sich der Einfluss der Gene in einer stärkeren oder geringeren Veranlagung äußert.

2. Einsatzgebiete der Gendiagnostik bie direkt betroffenen Personen

(a) Gesundheitsvorsorge/Diagnose zur gezielten Therapie

Die häufigste Motivation für einen Gentest ist die Angst vor einer genetisch bedingten Krankheit. Meist wird diese durch familiär besonders häufig auftretende Krankheiten untermauert. Zwei Bereiche werden unterschieden:

– Voraussage

Mit Gendiagnostik kann festgestellt werden, ob die Anlage zu bestimmten Krankheiten vorhanden ist. Wann und ob die Krankheit ausbrechen wird, lässt sich mit einer Wahrscheinlichkeit angeben. Die untersuchten Personen sind zum Zeitpunkt der Diagnose körperlich gesund.

Das Wissen um eine derartige Veranlagung ist vor allem dann bedrückend, wenn keine Therapien oder Heilungschancen in Aussicht stehen. Eine frühzeitige genetische Diagnose kann jedoch hilfreich sein, um der Krankheit durch einen bewussten Lebensstil vorzubeugen oder sie rechtzeitig zu behandeln.

Beispiel: Frauen, die eine Veränderung (Mutation) in einem bestimmten (Brustkrebs-) Gen in ihrem Erbgut tragen, haben ein stark erhöhtes Risiko, im Verlauf ihres Lebens an Brustkrebs zu erkranken. Liegt eine nachgewiesene Mutation vor, sollten auf jeden Fall die Früherkennungsuntersuchungen intensiviert werden, da eine rechtzeitige Diagnose die Heilungschancen wesentlich erhöht. Allerdings ist gerade bei Krebserkrankungen generell zu bedenken, dass viele Ursachen noch unbekannt sind und auch Umwelteinflüsse eine große Rolle spielen. Eine prophylaktische Brustamputation ist ebenfalls möglich, jedoch sowohl aus medizinischer als auch aus psychologischer Sicht kritisch zu bewerten.

– Bestätigung

Mittels Gendiagnostik kann der Arzt den Verdacht auf die Ursache bestimmter Krankheiten beim Patienten bestätigen oder einschränken, wenn er aufgrund von Symptomen bereits annimmt, dass eine gewisse Krankheit vorliegt und hierfür weitere Indizien sucht.

Beispiel: Chorea Huntington (der so genannte erbliche Veitstanz), bei dem eine genetische Diagnose immer ein Schwarz-Weiß-Bild entwirft: der Mensch ist davon betroffen oder nicht. Ein frühzeitiges Erkennen dieser Krankheit ermöglicht es jedoch, durch Medikamente und Verhaltenstraining die Symptome zu mildern.

(b) Identifizierung von Personen

Die Analyse der DNA kann zur Identifizierung von Personen herangezogen werden. Dabei handelt es sich jedoch nicht um eigentliche Gendiagnostik. Der *genetische Fingerabdruck* bedient sich zwar prinzipiell derselben Technik wie die klinische genetische Diagnostik, die untersuchten DNA-Abschnitte enthalten aber keine Informationen über Körperfunktionen.

Dieses Verfahren wird bei Vaterschaftstests und allgemein zur Feststellung von Verwandtschaftsverhältnissen angewendet.

Auch bei der Aufklärung von Straftaten werden durch die Polizei genetische Fingerabdrücke erstellt. In Deutschland und England wurden zum Teil die männliche Bevölkerung ganzer Ortschaften zu einem solchen Test gebeten, um Sexualverbrecher zu überführen. Derartige Reihenuntersuchungen sind nicht nur wegen der hohen Kosten und des organisatorischen Aufwandes umstritten, sondern sie können auch das Recht auf Selbstbestimmung des einzelnen Menschen verletzen, wenn jeder als Verdächtiger eingestuft und untersucht wird.

Generell stellt sich die Frage, wie die gewonnen Daten der untersuchten Personen verwaltet und gesichert werden sollen. Bisher ist in Deutschland die

Frage der zukünftigen Nutzung und der Begrenzung der Weitergabe solcher Daten an Dritte ohne klare Rechtsgrundlage.

(c) Einstufung bei Versicherungen

Lebens- und Krankenversicherungen könnten in Zukunft Informationen über die genetische Veranlagung eines Versicherungsbewerbers für ihre Risikoeinstufung nutzen. Die Versicherungsunternehmen befürchten, dass Personen mit hohem Krankheitsrisiko Versicherungen abschließen könnten, ohne das Risiko den Unternehmen mitzuteilen. Bereits jetzt verlangen private Lebens- und Krankenversicherungen die Offenlegung durchgeführter üblicher klinischer, nicht gendiagnostischer Untersuchungen.

Würden gendiagnostische Untersuchungen bei Versicherungen berücksichtigt, könnten Einzelpersonen aufgrund ihrer genetischen Ausstattung besonders günstige Verträge abschließen. Andere dagegen müssten höhere Beiträge zahlen oder würden sogar von einer Versicherung ausgeschlossen.

(d) Am Arbeitsplatz

Die Gendiagnostik wird bislang in der Arbeitsmedizin, etwa bei Einstellungsuntersuchungen, nicht angewendet. Allerdings werden bereits heute oft umfangreiche medizinische Abklärungen bei den Arbeitnehmern getroffen. Daher ist es möglich, dass ein Arbeitgeber künftig Informationen über die Krankheitsrisiken eines Stellenbewerbers anfordert, um den möglichen Arbeitsausfall durch Krankheiten gendiagnostisch festzustellen. Dies könnte zur Diskriminierung bestimmter Arbeitnehmer führen. Andererseits kann das Wissen um bestimmte Krankheitsanfälligkeiten der besseren Berufsplanung dienen.

3. Einsatz der Gendiagnostik zur Vorhersage von Eigenschaften der Nachkommen

(a) Vor einer Schwangerschaft

Treten in Familien bestimmte Krankheiten häufiger auf oder ist bereits ein krankes oder behindertes Kind zur Welt gekommen, haben manche Eltern den Wunsch, die Wahrscheinlichkeit für eine Erkrankung oder Behinderung bei zukünftigen Kindern zu erfahren. Hierzu werden im Rahmen einer genetischen Beratung und einer sich anschließenden genetischen Diagnose die Eltern und in bestimmten Fällen auch Verwandte untersucht. Die Erkenntnisse über die familiäre Veranlagung können Eltern helfen, sich auf eine mögliche genetisch bedingte Krankheit ihrer Kinder einzustellen.

b) Die vorgeburtliche (pränatale) Untersuchung –
Pränataldiagnostik (PND)

Bei der Schwangerschaftsvorsorge wird die Gesundheit des im Mutterleib heranwachsenden Embryos bzw. Fetus untersucht. Die genetische Diagnostik ist (neben Ultraschall) ein Bestandteil der Pränataldiagnostik, die jedoch nur in besonderen Fällen durchgeführt wird. In Deutschland werden bei 10-25 % der ca. 800.000 Schwangerschaften pro Jahr eine pränatale Untersuchung durchgeführt, bei der Zellen des Fetus auf biochemische und genetische Veränderungen untersucht werden. In 97 % der Fälle werden keine Auffälligkeiten festgestellt. Bei kranken und behinderten Kindern, die lebend zur Welt kommen, sind bei nur etwa einem Prozent klar definierbare genetische Ursachen ausschlaggebend. In den restlichen 99 % der Fälle spielen Umwelteinflüsse, Unfälle und die Lebensweise der Mutter eine maßgebliche Rolle.

Wird eine genetisch bedingte Krankheit nachgewiesen, steht die schwangere Frau vor der Entscheidung, einen Schwangerschaftsabbruch durchführen zu lassen oder das Kind auszutragen. Eine Gendiagnose kann jedoch nicht vorhersagen, wie ausgeprägt und zu welchem Zeitpunkt eine Krankheit auftreten wird.

(c) Die Untersuchung nach einer künstlichen Befruchtung –
Präimplantationsdiagnosik (PID)

Bei der Präimplantationsdiagnostik werden im Labor künstlich erzeugte Embryonen untersucht. Bei der künstlichen Befruchtung (*In-Vitro-Fertilisation*) wird die Eizelle mit dem Sperma im Labor zusammengebracht. Der entstandene Embryo wird dann der Frau in die Gebärmutter eingepflanzt.

Bei der PID wird dem Embryo im 8-Zellstadium eine Zelle entfernt und auf genetische Veränderungen untersucht. Ist der Embryo genetisch unauffällig, kann er der Frau eingepflanzt werden. Bei Hinweisen auf Missbildungen oder Krankheiten geschieht das nicht.

Da sich alle Zellen des 4-8-Zellstadiums gleichermaßen zu einem kompletten Organismus entwickeln können, betrachtet man aus rechtlicher Sicht jede dieser Zellen als einen Embryo. Das Deutsche Embryonenschutzgesetz schreibt die Erzeugung und Verwendung von künstlich gezeugten Embryonen ausschließlich für deren eigene Erhaltung bzw. für die Herbeiführung einer Schwangerschaft vor. Es untersagt damit indirekt die PID. Diese Rechtspraxis wird auch in Österreich, der Schweiz und Portugal angewandt. In den anderen europäischen Ländern und den USA ist die PID dagegen zugelassen.

4. Rechtliche Lage

Bisher gibt es in Deutschland kein gesondertes Gesetz, das den Umgang mit der Gendiagnostik ausdrücklich regelt. In der aktuellen politischen Debatte wird jedoch von unterschiedlichen Gremien aufgrund der weitreichenden gesellschaftlichen Konsequenzen der Gendiagnostik der bestehende Regelungsbedarf diskutiert. Andere Länder, wie Österreich und die Schweiz, haben eigene Gesetze zur Anwendung der Gendiagnostik entworfen und bereits verabschiedet.

Literatur:

Epplen, Jörg/Haupt, Andrea (1997): Gendiagnose und Gentherapie. In: *Biologie in unserer Zeit*, 6: 354-360
Fesch, Claudia (2000); *Genetische Tests. Wie funktionieren sie, und was sagen sie aus?* Frankfurt a.M.
Hennen, Leonhard/Petermann, Thomas/Sauter Arnold (2000): *Stand und Perspektiven der genetischen Diagnostik*, Büro für Technikfolgen-Abschätzung beim Deutschen Bundestag, Berlin.
Schmidtke, Jörg (1997): *Vererbtes und Ererbtes. Ein humangenetischer Ratgeber*, Reinbek bei Hamburg.

Inhaltliche Bearbeitung:
Silke Schicktanz, Kirsten Weining und Wolf Unterberg, 2001 (Stiftung Deutsches Hygiene-Museum)

Grundbegriffe aus dem Kontext der Gendiagnostik

Chromosomen:
Strukturen im Zellkern, die aus der DNA und damit verbundenen Träger-Proteinen bestehen. Der Mensch hat 2 x 23 Chromosomen, also einen doppelten Chromosomensatz, bei dem die Hälfte jeweils von einem Elternteil stammt. Von den 2 x 23 Chromosomen sind zwei Geschlechtschromosomen: Frauen haben zwei X-Chromosomen, Männer haben ein X- und ein Y-Chromosom.

DNA:
Molekül, in dem die Erbinformation gespeichert ist. Seine Grundbausteine bezeichnet man als Nukleotide. Die Abfolge der Nukleotide beinhaltet die genetische Information und bestimmt die Zusammensetzung der vom Körper produzierten Eiweißstoffe (Proteine).

Embryo:
Befruchtete Eizelle vom Beginn der Befruchtung an bis zum Ende der Organentwicklung (beim Menschen bis zur 12. Schwangerschaftswoche).

Fetus:
Heranwachsendes Kind im Mutterleib ab der 13. Woche.

Gen:
Ein Abschnitt der DNA, der die Informationen zur Herstellung eines Proteins trägt (stark vereinfachende Definition!); dieser DNA-Abschnitt muss jedoch nicht zusammenhängend in einem Stück vorliegen.

Genetische Beratung:
Zwischen Arzt und Patient bzw. Ratsuchenden werden Möglichkeiten der genetischen Diagnostik und Probleme besprochen, die mit dem Auftreten oder dem Risiko des Auftretens einer genetischen Erkrankung in einer Familie verknüpft sind.

Genetische Diagnose:
Ergebnis einer Untersuchung der Erbanlagen. Hierbei können je nach Methode einzelne DNA-Abschnitte oder die Chromosomen untersucht werden.

Grundbegriffe aus dem Kontext der Gendiagnostik 129

Genetisches Risiko:
Die Wahrscheinlichkeit für das Auftreten von Erberkrankungen oder Fehlbildungen. Die Wahrscheinlichkeit wird in Prozent angegeben. Beispielsweise bedeuten zehn Prozent Risiko, dass das Ereignis (Krankheit) in 10 von 100 Fällen eintritt.

Genom:
Die Gesamtheit der Erbinformation eines Organismus. Der allergrößte Teil des Genoms befindet sich im Zellkern der Zelle.

Künstliche Befruchtung (In-vitro-Fertilisation):
Eizelle und Sperma werden außerhalb des weiblichen Körpers im Labor zusammengeführt. Nach wenigen Tagen wird dann der sich entwickelnde Embryo der Frau eingepflanzt.

Mutation:
Von außen bewirkte (z.b. durch radioaktive Strahlung) oder spontan auftretende Veränderung der Erbinformation; Mutationen können die Anzahl der Chromosomen (z.b. Trisomie 21), deren Struktur oder einzelne DNA-Bausteine (Nukleotide) betreffen. Findet die Mutation in den Keimzellen (Ei- oder Samenzellen) statt, dann wird sie an die kommenden Generationen weiter vererbt.

Präimplantationsdiagnostik (PID):
Genetische Diagnostik an Zellen eines künstlich gezeugten Embryos, bevor er in die Gebärmutter eingepflanzt wird. (In Deutschland verboten.)

Pränataldiagnostik (PND):
Vorgeburtliche medizinische Untersuchung des Fetus während der Schwangerschaft mittels Ultraschall und genetischer Diagnostik.

Silke Schicktanz

‚Gendiagnostik': Eine Literaturauswahl

Literatur zum Thema Gentechnologie, Humangenetik und Gendiagnostik gibt es inzwischen in unübersichtlicher Fülle, unterschiedlicher Qualität und aus verschiedenen Perspektiven. Im Folgenden werden einige aktuelle Bücher und Broschüren zur Einarbeitung und Vertiefung in das Thema vorgestellt.

Zum Einstieg:

Fesch, Claudia(2000): Genetische Tests. Wie funktionieren sie, und was sagen sie aus? Frankfurt/M.: Fischer Taschenbuch Verlag. 150 Seiten, EUR 8,90, ISBN 3596147417.
Dieser medizinische Ratgeber gibt eine gut verständliche Einführung in die Gendiagnostik und richtet sich an Rat suchende Eltern oder Patient(inn)en. Vergleichsweise ausführlich werden die Grundlagen der Vererbung und die Funktion der Gene erklärt. Im Anschluss werden Ablauf der Gentests zu Krebsvorsorge und der Pränataldiagnostik sowie die häufigsten genetisch bedingten Krankheiten in ihrer Entstehung und Symptomatik erläutert. Ethische und gesellschaftliche Fragen werden in diesem Band nicht nennenswert behandelt.

Gesamtverband der Deutschen Versicherungswirtschaft e.V. Berlin (1999): Gentechnik: Grenzzone menschlichen Handelns? 255 Seiten.
Auf Anfrage kostenlos erhältlich beim Gesamtverband der deutschen Versicherungswirtschaft e.V., Friedrichstraße 191, 10117 Berlin oder http://www.gdv.de/meinung_aktuelles/dialog/gentechnik/index.htm..
Dieser Sammelband besteht aus sechzehn Beiträgen bekannter Befürworter und Kritiker der Gentechnik. Die Gendiagnostik wird explizit aus Sicht der Versicherungswirtschaft und der Forschung beleuchtet. Darüber hinaus sind jedoch interessante Essays zu den ethischen und gesellschaftlichen Aspekten der genmedizinischen Forschung insgesamt enthalten.

Hennen, Leonhard, Petermann, Thomas, Sauter, Arnold (2001): Das genetische Orakel Prognosen und Diagnosen durch Gentests – eine aktuelle Bilanz. Berlin: Edition Sigma-Verlag. 170 Seiten, EUR 18,90, ISBN 3894048190.
Hierbei handelt es sich um einen umfangreichen Sachstandsbericht zur genetischen Diagnostik in den wesentlichen Anwendungsgebieten: in der humangenetischen Beratung, in der Arbeitsmedizin und im privaten Versicherungswesen. Die Studie setzt Basiswissen zur Genetik voraus, da der Schwerpunkt auf der Praxis und den sozialen Aspekten der Gendiagnostik liegt. Es wird ausführlich dargelegt, wie, wo und warum bisher Gentests in den unterschiedlichen Bereichen eingesetzt werden, welche Entwicklungen in den nächsten Jahren hierzu zu erwarten sind und welche rechtlichen bzw. sozialen Probleme dabei entstehen können.

Riewenherm, Sabine (2000): Gentechnologie. Hamburg: Rotbuch-Verlag. 94 Seiten, EUR 7,60, ISBN 343453510.
Auf nicht ganz hundert Seiten gibt die Autorin einen sehr knappe, aber leicht lesbaren Einstieg in die Gentechnologie und ihren verschiedenen Anwendungsgebieten. Gentests, Pränataldiagnostik und Präimplantationsdiagnostik werden ebenso behandelt, wie auch gentechnisch veränderte Lebensmittel. Besonderer Schwerpunkt liegt hier eher auf einer sozialkritischen Bewertung und skeptischen Erfolgseinschätzung dieser Technik.

Schmidtke Jörg (2002): Vererbung und Erbtes. Ein humangenetischer Ratgeber. Gesellschaft f. Unternehmensrechnung, 2. veränderte Auflage, 270 Seiten , EUR 14,90 ISBN 3934235204
Dieser, von einem Humangenetiker verfasste Ratgeber behandelt die Grundlagen der Vererbung und die Möglichkeiten der humangenetischen Beratung. Was will und soll ein Patient wissen? Was kann er oder sie mit den Ergebnissen eines Gentest anfangen? Die Stärken des Buches liegen in der Erläuterung der Erbkrankheiten sowie des Ablaufes einer Beratung.

Zur Vertiefung in einzelne Fragestellungen und Anwendungsbereiche:

Bartram, Claus, Beckmann Jan P., Breyer Friedrich et al. (2000): Humangenetische Diagnostik. Wissenschaftliche Grundlagen und gesellschaftliche Konsequenzen. Berlin u.a.: Springer Verlag. 249 Seiten, EUR 49,95, ISBN 3540679456.
Dieser Sammelband legt seine inhaltlichen Schwerpunkte auf drei Fragestellungen: Was kann mit genetischen Tests vorhergesagt werden? Wer darf und

wie soll man Gentests durchführen? Dürfen genetische Tests von privaten Versicherungen verwendet werden? Es handelt sich bei den Ausführungen um vorrangig fachwissenschaftliche Beiträge, so dass Vorwissen in medizinischer, ethischer und rechtlicher Hinsicht zum Verständnis des Buches notwendig sind.

Düwell, Marcus/Mieth, Dietmar (Hg.) (2000): Ethik in der Humangenetik. Die neueren Entwicklungen der genetischen Frühdiagnose aus ethischer Perspektive. 2. Auflage, Tübingen:Francke. 520 Seiten, EUR 43,-, ISBN 3772026206.
Dieser umfangreiche Sammelband enthält verschiedene interdisziplinäre Aufsätze von Humangenetikern, Biologen, Philosophen und Theologen, die die Pränatal- und die Präimplantationsdiagnostik aus den verschiedenen Perspektiven differenziert und anspruchsvoll beleuchten. Die Aufsätze richten sich vorrangig an Fachleute aus dem interdisziplinären Umfeld und sind daher nicht immer leicht lesbar geschrieben, dafür aber dem Debattenstand entsprechend gut aufbereitet.

Enquete-Kommission „Recht und Ethik der modernen Medizin": Abschlussbericht (Mai 2002), Bundestag Drucksache 14/9020 – Siehe http://www.bundestag.de/gremien/medi/
bzw. http://dip.bundestag.de/btd/14/090/1409020.pdf (18.07.02).
Der Abschlussbericht der Enquete-Kommission des Deutschen Bundestages behandelt sehr umfangreich die Präimplantationsdiagnostik und Gentests für die Prävention. Neben der Erläuterung der diversen Techniken werden auf der Grundlage verschiedener Gutachten die unterschiedlichen Positionen von Befürwortern und Kritikern zur gendiagnostischen Anwendung dargelegt.

Kollek, Regine (2002): Präimplantationsdiagnose. Embryonenselektion, weibliche Autonomie und Recht. 2. Auflage, Tübingen: Francke-Verlag. 266 Seiten, EUR 29,-, ISBN 3772026214.
Dieses Buch behandelt die Präimplantationsdiagnostik aus allen wesentlichen Perspektiven einer wissenschaftsethischen Untersuchung. Die medizinischen, genetischen, sozialen, ethischen und rechtlichen Aspekte dieser in Deutschland bislang nicht zugelassenen Technik werden von der Autorin kritisch reflektiert und gründlich diskutiert. Im Mittelpunkt steht die Frage nach den Auswirkungen dieser Technik auf die beteiligten Frauen, die Folgen einer Embryonen-Selektion und die sozialen Auswirkungen, wenn sich diese Technik, wie befürchtet, nicht auf einen kleinen (überschaubaren) Benutzerkreis einschränken ließe.

Thiele, Felix (Hg.) (2000): Genetische Diagnostik und Versicherungsschutz. Die Situation in Deutschland. Europäische Akademie zur Erforschung von Folgen wissenschaftlich-technischer Entwicklungen Bad-Neuenahr-Ahrweiler.
Auf Anfrage kostenlos erhältlich unter europaeische.akademie@dlr.de

Dieses Heftchen enthält vier Fachaufsätze, die vor allem die Gendiagnostik und ihre Bedeutung für die Privatversicherungen aus ökonomischer und ethischer Sicht beleuchten. Die vier Beiträge können durchaus als Einstieg in die Problematik dienen, wenngleich kritische Aspekte zum Missbrauch und den Folgen für die gesetzliche Krankenversicherung nicht befriedigend behandelt werden.

Silke Schicktanz

‚Technikfolgenabschätzung und Partizipation': Eine Literaturauswahl

Aufsätze zur Theorie, Geschichte und Methoden der Technikfolgenabschätzung sind in zahlreichen Büchern und Zeitschriften zu finden. Die Rolle der Partizipation und auch die Ergebnisse einzelner partizipativer Verfahren sind ebenfalls Thema zahlreicher Publikationen. Die kurze, hier dargestellte Literaturauswahl soll vor allem Interessierten den Einstieg in die Theoriediskussion erleichtern.

Akademie für Technikfolgenabschätzung in Baden-Württemberg: ‚Praxis-Leitfaden Bürgerbeteiligungsverfahren'. Reihe herausgegeben von Hans Kastenholz und Elmar Wienhöfer, je ca. EUR 10,-, zu beziehen über das Internet unter www.ta-akademie.de.
Diese Reihe enthält leicht verständliche, sehr übersichtliche Leitfäden zu verschiedenen Partizipationsverfahren (ca. 50-100 Seiten), die vor allem für zukünftige Organisatoren von Beteiligungsverfahren sehr dienlich sein können. In der Reihe sollen nach und nach verschiedene Bände zu den gängigsten Verfahren wie beispielsweise zur Konsensuskonferenz (Joss 2000), zur Planungszelle, zu Fokusgruppe, zu Mediation und zum Szenario-Workshop erstellt werden.

Bröchler, Stephan/Simonis, Georg/Sundermann, Karsten (Hg.): Handbuch Technikfolgenabschätzung. Berlin: edition sigma, 1016 Seiten, EUR 44,90, ISBN 3894044578.
Dieses dreibändige Herausgeberwerk enthält über achtzig einzelne Beiträge unterschiedlicher Autoren zu den Grundlagen der TA, einen Überblick über einschlägige Institutionen, Methoden/Verfahren und die Anwendungsfelder, wobei innerhalb der Rubriken leider auf eine Strukturierung der Beiträge z.B. nach Stichwörtern oder Allgemeines/Spezielles verzichtet wurde. Einsteigern wird dadurch das Nachschlagen etwas erschwert. Hilfe bietet das Stichwortverzeichnis in Band 3. Für den Bereich der Partizipation sind besonders die einzelnen Beiträge zu den Methoden/Verfahren hilfreich.

Grunwald, Armin (2002): Technikfolgenabschätzung. Eine Einführung. Berlin: edition sigma, 319 Seiten, EUR 24,90, ISBN 384049316.
Dieses Buch beansprucht das erste deutschsprachige Einführungswerk zur Technikfolgenabschätzung zu sein. Schwerpunkt ist hier die übersichtliche Einführung in die Hinter- und Beweggründe der TA als ‚Querschnittsdisziplin' mit dem Ziel der Politikberatung. Auch die Darstellung des breiten Methodenspektrums ist sehr aufschlussreich. Konkrete Beispiele von TA und partizipativen Verfahren werden wenig erwähnt und der Bezug zur Bioethik bzw. den Biowissenschaften und Medizin fällt dagegen sehr knapp aus. Das Buch bietet zum Einstieg eine gute Hilfe.

Köberle, Sabine/Gloede, Fritz/Hennen, Leonhard (Hg.) (1997): Diskursive Verständigung? Mediation und Partizipation in Technikkontroversen. Baden-Baden: Nomos, 264 Seiten, EUR 34,-, ISBN 3789050555.
Dieser Sammelband bietet eine gute und vielfältige Übersicht über die theoretischen Voraussetzungen und praktischen Erfahrungen insbesondere von Partizipation und Beteiligungsverfahren. Im ersten Teil werden aus theoretischer Sicht die Möglichkeiten und Probleme des Diskurses zwischen Laien, Interessenvertretern und Experten von verschiedenen Autoren ausgeleuchtet. Im zweiten Teil werden einige bisher durchgeführte Partizipationsverfahren hinreichend vorgestellt und aus methodischer Sicht diskutiert.

Skorupinski Barbara/Ott, Konrad (2000): Technikfolgenabschätzung und Ethik. Zürich: vdf Hochschulverlag, 198 Seiten, EUR 24,90, ISBN 3728127450.
Dieses Buch gliedert sich in drei wesentliche Teile: Im ersten Teil werden ausführlich ethische Überlegungen und theoretische Argumente dargelegt, die für Technikfolgenabschätzung an sich und bestimmte Formen der Beteiligung von Bürgern und Experten sprechen. Im zweiten Teil wird anhand der Erfahrungen verschiedener international durchgeführter Beteiligungsverfahren auf bestimmte Schwächen und Lösungsmöglichkeiten solcher Verfahren hingewiesen. Der dritte Teil beinhaltet einen Katalog an Vorschlägen und praktischen Bedingungen, die gemäß den theoretischen Vorgaben ein gelungenes Partizipationsverfahren auszeichnen.

Verein deutscher Ingenieure (1997): Technikbewertung – Begriffe und Grundlagen. Report 15, Düsseldorf: VDI, 95 Seiten, ca. EUR 8,-, ISBN 39391384098.
Dieses kleine Bändchen ist sehr hilfreich zum Einstieg in die Diskussion um die Technikbewertung, da leicht verständlich geschrieben. Es bezieht sich auf die vom Verein Deutscher Ingenieure herausgegebene Richtlinie Nr. 3780, die sich mit Technikbewertung, dem Begriff Technik und der Rolle von ‚Werten' bei der ‚Be-Wertung' beschäftigt. Bei den Ausführungen geht es weniger um die politische und soziale Dimension von TA, sondern vielmehr um die Begründung einer systematischen und nachvollziehbaren Herangehensweise, die für alle Verfahren und Methoden der TA als sinnvoll erachtet wird.

Liste der an der Bürgerkonferenz teilnehmenden Bürgerinnen und Bürger

Name	Alter	Beruf/Tätigkeit	Wohnort
Albayrak, Hafize	18	Schülerin	Kiel
Außermeier, Erika	65	Rentnerin	Stuttgart
Boos, Mechthild	26	Studentin	Velbert
Christensen, Roberto	56	Automobilverkäufer	Schwerin
Dressel, Nils	21	Student	Ludwigshafen
Egenberger, Ludwig	71	Kaufmann	Heiligenhaus (Ratingen)
Geppert, Hans Jürgen	45	arbeitslos	Görlitz
Heine, Bernhard	75	Rentner	Lödingsen (Göttingen)
Jäger-Roschko, Ulrike	62	Buchhalterin	Kiel
Klemm, Marion	33	Studentin	Trier
Louis, Simone	39	Grafik-Designerin	Stuttgart
Mahr, Hans Günter	60	Kriminalhauptkommissar a. D.	Berlin
Neumann, Susanne	20	Kinderkrankenpflegeschülerin	Görlitz
Quint, Dominic	20	Student	Saarbrücken
Richter, Gerrit	30	Zahnarzt	Ahlbeck
Rießelmann, Karin	57	Hausfrau	Ratingen
Schmitz, Helga	66	Hausfrau	Mainz
Schönekes, Ernst	64	Rentner	Oldenburg
Schwemmlein, Rosa	54	Frührentnerin	Berlin

Liste der eingeladenen Sachverständigen

Ach, Johann, Dr., Sekretariat der Enquete-Kommission Recht und Ethik der modernen Medizin, Berlin

Becker, Peter, Bundesministerium für Gesundheit, Referat 312, Bonn

Böttcher, Klaus, Kaufmännische Krankenkasse Halle (KKH) Hannover

Braun, Annegret, Diakonie Württemberg PUA-Beratungsstelle, Stuttgart

Damm, Reinhard, Prof. Dr., Universität Bremen Fachbereich Rechtswissenschaften

Gosselaar, Elisabeth, Dr., Interessengemeinschaft Fragiles X e.V., Pulheim

Hille, Haker, Dr., Universität Tübingen, Katholische Fakultät

Christian, Judith, Interessengemeinschaft Selbstbestimmt Leben e.V., Hamburg

Lohkamp, Christiane, Deutsche Huntington Hilfe e.V., Duisburg

Maiwald, Birgit und Reiner, LEONA – Verein für Eltern chromosomal geschädigter Kinder, Dortmund

Radke, Ina, Ruhr-Universität Bochum, Molekulare Neurobiochemie

Samerski, Silja, Dr., Universität Bremen,

Schilling, Viola, Bund freiberuflicher Hebammen Deutschlands e.V., Erfurt-Hochheim

Wagemann, Uta, Gen-ethisches Netzwerk e.V., Berlin

Weichert, Thilo, Dr., Unabhängiges Landeszentrum für Datenschutz, Kiel

Weß, Ludger, Dr., freier Journalist, Hamburg

Zerres, Klaus, Prof. Dr., Universität Klinikum Aachen, Institut für Humangenetik

Angaben zum Projekt
„Bürgerkonferenz: Streitfall Gendiagnostik"

Projektlaufzeit

Oktober 2000 bis Dezember 2001

Abschlusskonferenz

23.-26. November 2001 im Deutschen Hygiene-Museum Dresden

Projektförderung

Bundesministerium für Bildung und Forschung
Stifterverband für die Deutsche Wissenschaft

Schirmherrschaft

Edelgard Bulmahn, Bundesministerium für Bildung und Forschung, Berlin

Wissenschaftlicher Beirat

Prof. Dr. *Marcus Düwell*, Universität Utrecht, Fakultät für Philosophie
Prof. Dr. *Jörg T. Epplen*, Ruhr-Universität Bochum, Abt. Molekulare Humangenetik
Dr. *Leonhard Hennen*, Büro für Technikfolgen-Abschätzung beim Deutschen Bundestag, Berlin
Dr. *Simon Joss*, University of Westminster, Centre for the Study of Democracy, London
Prof. Dr. *Dietmar Mieth*, Universität Tübingen, Katholische Fakultät

Moderator der Bürgergruppe

Reinhard Sellnow, Nürnberg
Mitarbeit: Silke Domasch

Evaluierung

Frauenhofer-Institut für Systemtechnik und Innovationsforschung, Karlsruhe

Projektteam

Jörg Naumann, Leiter Forum Wissenschaft
Dr. Silke Schicktanz, Projektleitung
Christian Holtorf
Grit Krause
Kerstin Andermann

Internetadresse

Weitere Informationen (z.B. Fragen an die Sachverständigen und deren Antworten) können im Internet abgerufen werden unter URL: www.buergerkonferenz.de

Verzeichnis der Autorinnen und Autoren

Graumann, Sigrid, Dr., Institut Mensch, Ethik, Wissenschaft, Berlin

Hennen, Leonhard, Dr., Büro für Technikfolgenabschätzung beim Deutschen Bundestages (TAB), Berlin

Holtorf, Christian, Stiftung Deutsches Hygiene-Museum, Forum Wissenschaft, Dresden

Jäger-Roschko, Ulrike, Teilnehmerin der Bürgerkonferenz, Kiel

Joss, Simon, Dr., University of Westminster, Centre for the Study of Democracy, London

Kettner, Matthias, Prof. Dr., Universität Witten-Herdecke, Professur für Philosophie

Klemm, Marion, Teilnehmerin der Bürgerkonferenz, Trier

Leggewie, Claus, Prof. Dr., Universität Giessen, Institut für Politikwissenschaften

Naumann, Jörg, Stiftung Deutsches Hygiene-Museum, Forum Wissenschaft, Dresden

Renn, Ortwin, Prof. Dr., Akademie für Technikfolgenabschätzung (TA) in Baden-Württemberg, Stuttgart

Ritter-Hellbusch, Pia, Dr., Stiftung Deutsches Hygiene-Museum, Forum Wissenschaft, Dresden

Schicktanz, Silke, Dr., Forschungszentrum Jülich/Max-Delbrück-Centrum für molekulare Medizin, AG Bioethik und Wissenschaftskommunikation, Berlin

Vogel, Klaus, Stiftung Deutsches Hygiene-Museum, Museumsdirektor, Dresden

Zimmer, René, Dr., Fraunhofer Institut Systemtechnik und Innovationsforschung, Karlsruhe

Danksagung

Die Planung und Durchführung der *Bürgerkonferenz: Streitfall Gendiagnostik* und schließlich die Publikation wäre nicht ohne die Mithilfe und das Engagement vieler Beteiligter möglich gewesen, denen wir an dieser Stelle danken möchten:

Frau Dr. Pia Ritter-Hellbusch hat sich durch Recherchen und erste Konzeptionen maßgeblich für die Initiierung einer Konsensuskonferenz am DHM eingesetzt. Die Herstellung der vorliegenden Publikation hat sie ebenfalls mit voran gebracht. Frau Grit Krause ist für den reibungslose Ablauf zu danken, sie hat von Mai 2001 bis Dezember 2001 die Bürokoordination übernommen. Herr Christian Holtorf, wissenschaftlicher Referent am Deutschen Hygiene-Museum, hat bei der inhaltlichen Vorbereitung und der Durchführung mitgewirkt, Frau Kerstin Andermann, zeitweise im Forum Wissenschaft tätig, war an der Durchführung der Vorbereitungstreffen und der Abschlusskonferenz beteiligt. Den vielen, auch namentlich unerwähnten Kolleginnen und Kollegen am Deutschen Hygiene-Museum gilt ganz besonders unser Dank für ihre tatkräftige und moralische Unterstützung.

Auch den Projekt-PraktikantInnen Frau Silke Domasch, Frau Dana Löser, Herr Dominique Meier, Frau Carla Schramml, Herr Robert Seyfarth, Frau Ines Vogel, Frau Antonia Werner und Frau Sylvia Wünsche ist für ihr Mitwirken zu danken.

Für die wissenschaftliche Unterstützung möchten wir den Mitgliedern des Beirats besonders unseren Dank aussprechen. Den Expertinnen und Experten, die ihre Bereitschaft für eine Teilnahme an der Bürgerkonferenz bekundet hatten, sowie verschiedenen Institutionen, wie u.a. der Akademie für Technikfolgenabschätzung in Baden-Württemberg (Stuttgart), dem Danish Board of Technology (Kopenhagen), dem Interfakultären Zentrum für Ethik in den Wissenschaften (Tübingen) und dem Schweizer Zentrum für Technologiefolgen-Abschätzung (Bern) danken wir für ihren Rat und Hilfe bei der Planung der Bürgerkonferenz.

Die Durchführung der Bürgerkonferenz wäre allerdings ohne das unermüdliche Engagement der Bürgergruppe und die begleitende Moderation von

Herrn Reinhard Sellnow nicht denkbar gewesen. Darum sei auch ihnen an dieser Stelle noch einmal gedankt.

Der Stifterverband für die Deutsche Wissenschaft hat dankenswerterweise zusätzliche Mittel für die Erstellung dieser Publikation bereitgestellt.

Herrn Kai Beuerbach, Marburg ist für die gelungene Zusammenarbeit beim Lektorat zu danken.

Berlin/Dresden, September 2002
Silke Schicktanz/Jörg Naumann

MIX
Papier aus verantwortungsvollen Quellen
Paper from responsible sources
FSC® C105338

If you have any concerns about our products,
you can contact us on
ProductSafety@springernature.com

In case Publisher is established outside the EU,
the EU authorized representative is:
**Springer Nature Customer Service Center GmbH
Europaplatz 3, 69115 Heidelberg, Germany**

Printed by Libri Plureos GmbH
in Hamburg, Germany